dtv

Die Welt ist entdeckt. Auf den Molukken sieht es inzwischen genauso aus wie in jeder beliebigen Einkaufspassage. Die Grandhotels, die eleganten Bars und kleinen Pensionen, die exotischen Winkel, sie alle liegen heute am großen Gemeinplatz. Aber das Fernweh bleibt. Denn Reisen kann trotz allem ein wunderbarer Schwebezustand sein. Christian Kracht und Eckhart Nickel haben sich deshalb aufgemacht, für uns die angenehmsten Orte der Welt zu suchen.

Christian Kracht ist seit 1966 auf der Welt. Er ist 1,75 m groß und ärgert sich schon seit langem, daß er in der Lufthansa auf die Bitte nach einer Bloody Mary immer einen Wodka mit Tomatensaft hingestellt bekommt. Vielleicht sollte er ja Business fliegen, aber dafür ist er zu sparsam. Sein erstes Buch hieß ›Faserland‹ (1995), danach schrieb er den Asien-Klassiker ›Der gelbe Bleistift‹ (2000). *Eckhart Nickel* ist auch schon seit 1966 auf der Welt. Er ist viel größer, nämlich 1,96 m, und bevorzugt das Reisen im Fond. Vor die Wahl gestellt, in welchem Ölgemälde des achtzehnten Jahrhunderts er sich am liebsten aufhalten würde, nennt er gerne Antoine Watteaus ›Die Einschiffung nach Kythera‹. Er geht nicht allzu spät schlafen. Zuletzt erschienen: ›Was ich davon halte‹ (2000) und ›Gebrauchsanweisung für Portugal‹ (2001).

Christian Kracht und
Eckhart Nickel

Ferien für immer

Die angenehmsten Orte der Welt

Mit einem Vorwort von
Moritz von Uslar

Deutscher Taschenbuch Verlag

Von den Autoren neu durchgesehene Ausgabe
Mai 2001
Deutscher Taschenbuch Verlag GmbH & Co. KG,
München
www.dtv.de

Umschlagkonzept: Balk & Brumshagen
Umschlagfoto: © Marc Balet, New York
Satz: Fotosatz Reinhard Amann, Aichstetten
Gesetzt aus der Bembo 9,5/14· (QuarkXPress)
Druck und Bindung: C.H. Beck'sche Buchdruckerei,
Nördlingen
Gedruckt auf säurefreiem, chlorfrei gebleichtem Papier
Printed in Germany · ISBN 3-423-12881-X

Den großen Reisenden gewidmet, die es besser gemacht haben: Wilfried Thesiger, Peter Fleming, Ella Maillart, Evelyn Waugh, Annemarie Schwarzenbach.

Es war eben eine andere Zeit.

Im deutschsprachigen Raum, also in Deutschland, ist es ja furchtbar. Die Schweiz wäre ja das allerärgste, dort möcht' ich wirklich nicht angemalt sein. Nein, nein, das Ideale ist weg, weit weg und in ein Hotel, so lang es einem paßt, und dann in ein anderes. Sie können am Meer entlangrennen oder im Wald, und Sie kommen heim, alles ist fertig und da.

Thomas Bernhard

Why do the wrong people travel, travel, travel,
When the right people stay back home?
What compulsion compels them
And who the hell tells them
To drag theirs cans to Zanzibar
Instead of staying quietly in Omaha?

Noël Coward, ›Sail Away‹

I grow old ... I grow old ...
I shall wear the bottoms of my trousers rolled.
Shall I part my hair behind? Do I dare to eat a peach?
I shall wear white flannel trousers, and walk upon the beach.

T. S. Eliot, ›The Love Song of J. Alfred Prufrock‹

INHALT

VORWORT

Meinen Atlas hat Georg Westermann herausgebracht. Er gehört in einen grauen Pappkarton. Er ist etwa acht Zentimeter dick, was 288 dunkelblau numerierten Kartenseiten und einem Register von 231 schwarz numerierten Schriftseiten entspricht. Ich bin stolz auf diesen Atlas. Er wiegt etwa soviel wie ein Träger aus sechs Holzkohlebriketts.

Wenn ich ihn aufgeschlagen vor mich hinlege, dann ist ein Teil der Unordnung auf meinem Schreibtisch – abgefahrene Schlafwagentickets, die neuen Briefmarken zu einer Mark zehn, ein in der 45. Woche des Jahres 1997 aufgeschlagener Mini-Filofax, der kleine Metallaschenbecher mit der Ansicht des Opernhauses in Sydney – das alles ist von der Ordnung der kartographierten Gebirgsketten, Stein-, Sand- und Salzwüsten, Flüsse und schiffbaren Kanäle, Tiefen und Höhen, die von sechstausend Metern unter dem Meeresspiegel bis zu neuntausend Metern darüber reichen, Städte von null bis zu einer Million Einwohnern, sogenannten Demarkations- und Uferlinien, Eisenbahnstrecken, Wanderpfade, Verkehrsstraßen erster, zweiter und dritter Ordnung und Staatsgrenzen bedeckt.

Ich mag diese Ordnung. Ich sage nicht, daß ich mir unter jedem der Punkte und Striche und der Palette der Farben, die vom Weiß der Küstenwasser zum Hellblau der Meere, vom Grün der Tiefebenen zum Grau der Gebirge bis zum Braun der Wüsten changiert, etwas vorstellen kann. Es ist nicht meine Welt. Es ist die von meinem wunderbaren Atlas. Er hat sie für mich bereist.

Statt Flugtickets zu kaufen oder mich mit diesen inflationär immer schicker, klüger und jünger werdenden Menschen zu unterhalten, die an einer Bimmelbahnstation in Indien plötzlich zu einer nie geahnten inneren Ruhe finden, habe ich gerade meine CD-Sammlung neu sortiert. Auch diese Ordnung mag ich – bloß kann ich mir unter jeder einzelnen CD, diesen durchaus häßlichen Plastikdingern, unter denen die Schallplattencover von früher stecken, etwas vorstellen: Die Beatles kommen vor Elvis Costello vor Public Enemy vor Guns'n'Roses vor den Beastie Boys vor Elvis vor Morricones »Spiel mir das Lied vom Tod« vor Beethovens vierter Symphonie in der Aufnahme von Carlos Kleiber, denn diese CDs habe ich in dieser Reihenfolge so gehört. CDs zu sortieren – pathetisch ausgedrückt, mein Leben einem faßbaren Sinn unterzuordnen –, das ist mein Urlaub.

Danach hat ein Verwandter angerufen. Wir telephonierten vollspeed – ich kann gar nicht genau sagen, ob es um das ›Herz der Finsternis‹, ein qualmendes Faxgerät, Bratwürste mit Kartoffelsalat, einen Film mit Harrison Ford, gleichgeschlechtliche Liebe oder, was mir lieb wäre, die Quersumme von alldem ging. Den komplizierten Weg von einem Verwandtschaftsverhältnis zu einer Freundschaft gehen – das ist außerdem ein Urlaub, den ich mir vorstellen kann. Sonst habe ich noch gehört, daß es auf Capri wunderbare Steinterrassen gibt, wo man auf Ralph-Lauren-Kissen bei einem Punt-e-mes mit Eiswürfeln und der Schale einer Orange dem Himmelrot zuschaut, wie es im Silber des Mittelmeers versinkt. Ich überleg's mir noch, ob ich da mal hinfahre. Dann bin ich fünfzig oder schon tot und habe einen Hund, Kinderspielzeug und eine elektrische Zahnbürste dabei.

Ich glaube nicht ans Reisen – nur daran, daß man auf Sylt, Sri Lanka, Sumatra, in Nord-Vietnam und den Tiroler Alpen, wo auch immer, seine CD-Sammlung, Balkonpflanzen, eingerahmte Postkarten, sein Kopfkissen und am Ende doch seine Freunde vermissen lernen kann. Das ist doch was. Reisen handelt davon, die Unendlichkeit als Endlichkeit akzeptieren zu lernen und andersrum - was nur bedeutet, daß selbstverständlich nirgendwo so viel Platz ist wie in der miesen, kleinen Enge unter der eigenen Wohnzimmerlampe. Weiter glaube ich, daß man in der Ferne – so wie daheim – ab und zu ein frisch gezapftes Pilsbier will. Dafür habe ich nun überhaupt keine Erklärung. Es gibt diesen einen richtigen Satz, den man in der Ferne nicht oft genug sagen kann: »Grüß Gott, bitte ein Bier.«

Gerade habe ich den Atlas auf der Doppelseite 120/21 aufgeschlagen: mein Gott, diese weite Fremde – unsere Welt. Der Atlas schneidet ein Viereck in das Land von Afghanistan und Pakistan, über Nepal und das nördliche Indien bis nach Bangladesch und den Südwesten Chinas hinein. Da zeigt eine gestrichelte Linie – hübsch anzusehen! – den Wendekreis des Krebses an. Die Wasser heißen Arabisches Meer und Golf von Bengalen. Dem Maßstab von eins zu sechs Millionen entnehme ich: Auf Luftlinie sind es von Delhi nach Kalkutta rund 1.260 Kilometer. Oder exakt 787,5 Meilen. Da habe ich jetzt ein Lineal zur Hand genommen. So sehr interessiert mich das. Immerhin.

Sicher mag ich dieses Buch und die zwei Jungs, die es Ort für Ort erreist und die Wundertat vollbracht haben, ihre Abenteuer zu kartographieren – also jeden Ort abzuklopfen auf ihre Kriterien hin, Betten, Mahlzeiten, Whiskey Sour und die Möglichkeit, daß sich da vor ihnen mal ein lustiger Irrer aufgehalten hat, der Rudolf Moshammer heißt, André Heller oder Erich Priebke. Oft stellen sich diese Irren bloß als rastagelockte Hippies raus, die mit dem Lonely-Planet-Reiseführer in der Hand – was genauso lustig ist. Die Großtat besteht darin, den ganzen Irrsinn aufzuschreiben.

Den einen der zwei muß man sich übrigens klein und lustig vorstellen, den anderen größer, dünner, aber genauso lustig. Vom einen weiß ich, daß er Länderpunkte sammelt, das heißt, er macht schon mal nur deswegen den Sprung nach Neuguinea, damit er einen dieser unentzifferbaren Hieroglyphen-Gaga-Stempel in seinen Paß reinkriegt. Der andere kennt sich mit Bernhard, Kafka, Thomas Mann und vielleicht auch mit Nietzsche aus und hat den Doktor in deutschsprachiger Literatur.

Die Jungs haben den wunderbaren Trick drauf, der Hauptperson ihrer Abenteuer den Titel »der Reisende« zu geben. Damit sind wir gemeint – die Leser ihrer Abenteuer. Das paßt so. Das kommt aus dem neunzehnten Jahrhundert, der Zeit der großen Reiseliteratur. Das ist gleichermaßen poetisch wie manieriert. Das ist so bestens daneben, und – halten wir fest: Das hat sich seit Mecki, dem ›Hörzu‹-Igel, seit Tim & Struppis Abenteuern und den Reisebeschreibungen eines Alexander von Humboldt so niemand mehr getraut. Wir können uns also noch so sehr fürchten – am Ende jeder Geschichte steht es mindestens, unser Kopfschütteln als Gegenpunkt mit einberechnet, zwei zu eins für Krachts und Nickels Welt. Wohlgemerkt, *ihre* Welt – das sind die »angenehmen Orte«, die es so nirgendwo gibt. Manchmal – dann haben Kracht und Nickel eine ihrer lustigen Lügen erzählt – steht's gleich drei zu null.

Das Vorwort in meinem Atlas beginnt mit den Worten: »Die Geschichte der Karte ist so alt wie das Reisen, die Entdeckungsfahrten und die Wißbegier über die Welt.« Ich habe nur wenige Sätze gelesen, die so knapp und klar und für alle Zeiten gültig eine Wahrheit sagen. In den Pappendeckel des Einbands hat ein Mensch, der mir bis heute nahesteht, mit einem dieser raffinierten Buntstifte, die mit dem ersten Strich gleich mehrfarbig malen, eine Widmung geschrieben: »Zur Konfirmation sollst Du mit dem Finger auf Weltreise gehen. Du sollst Dir die Welt mal so von oben anschauen, wie sie vielleicht die Engel sehen, und zwar jeden Fleck.«

Gute Reise.

Moritz von Uslar

CHINA ROOM

Port Blair, Indien

Auf dem Lufthansa-Mittagsflug von Frankfurt nach Singapur wird es wegen der beschleunigten Flugbewegung von der Sonne weg für den Passagier viel zu früh wieder hell. Aber auch die künstlich verlängerte Nacht, die mit den herabgeschobenen Fensterrolleaus erzeugt wird, findet nach dem Überfliegen Indiens ihr Ende. Dann taucht vor den noch müden Augen irgendwann aus dem blendenden indischen Ozean eine Ansammlung grüner Inselpunkte auf, bevor die Straße von Malakka angeflogen wird. Das sind die Andamanen-Inseln, und dort unten, noch kleiner, das ist der China Room.

Man gelangt, von Madras, oder besser noch von Kalkutta kommend, mit Indian Airlines dorthin. Da es auf den Andamanen-Inseln nur wenige Restaurants gibt, wählten wir die einladende Veranda dieser in einer aus dunklem Holz gezimmerten Baracke untergebrachten chinesischen Gaststätte. Gerade weil die indische Vorstellung davon, wie man beispielsweise Hühnchen Szechuan zubereitet, der Rezeptur des altbekannten Tandoori-Huhns verblüffend gleicht, entstand beim Verzehr die Debatte, was denn nun genau das chinesische Moment in dem bestellten Menü darstellen sollte.

Der eindeutig indische Kellner, der wie auch alle anderen sichtbaren Angestellten nichts Chinesisches an sich hatte, stellte uns auf Anfrage schnell eine verklebte Plastikflasche mit süßer Sojasoße auf den Tisch. Da die Soße aber auch scharf war, bestellten wir noch vor dem Ende des Essens drei weitere Bullet-2000-Biere.

Unser Gast, den wir an diesem Sommerabend eingeladen hatten, war ein alter Inder, der während der japanischen Besetzung der Andamanen-Inseln im Zweiten Weltkrieg Schreckliches durchgemacht hatte. Von den Japanern in ein Straflager gesteckt, weil er innerhalb der britischen Administration einen Sekretariatsposten bekleidet hatte, war er wegen der schlechten Behandlung im Lager in einen Hungerstreik getreten. Seine Mitgefangenen streikten ebenfalls, und als sich die Aktion auf das gesamte Lager auszubreiten drohte, steckten die Japaner die Gefangenen kurzerhand auf einen Frachter, fuhren aufs offene Meer hinaus und warfen die Inder in die haifischverseuchte See. Über hundert Menschen starben.

Unser Gast war der einzige, der sich auf eine der kleinen Inseln retten konnte. Er überlebte nur dadurch, daß er sich monatelang von Seeschnecken ernährte und von dem Fleisch seiner angespülten toten Kameraden. Nach dem Ende des Zweiten Weltkrieges sagte er als Kronzeuge vor dem britischen Kriegsverbrecherprozeß in Singapur aus und brachte zwei japanische Generäle an den Galgen.

So saßen wir also zu dritt, eigentlich recht glücklich Bier trinkend und Hühnchen kauend, an der von Abfall übersäten Holperstraße. In weiter Ferne näherte sich, so war zu sehen, ein Motorroller. Unser Gast hob eine Augenbraue in seinem faltigen Gesicht, wir drehten uns nach dem heranröhlenden Gefährt um und vertieften uns dann wieder in den jetzt mit reichlich Sojasoße versehenen Reishaufen.

Der von den vorhergehenden Abenden im China-Room vertraute Roller, der als eines der wenigen Leihfahrzeuge der Insel stets um die gleiche Zeit seine Runde drehte, kam immer näher, und während oben in den Baumwipfeln des Dschungels ein Papagei kreischte, beugten wir drei uns noch tiefer über unsere Reisschüsseln.

Die Ölspur, die wir vor Betreten des Restaurants auf die Straße gelegt hatten, glänzte matt in der Dämmerung. Eben noch hatte sich unser Gast besonders abfällig über den penetranten deutschen Kunden seines Verleihs geäußert, der bereits bei Abschluß seines Wochen-Mietvertrages den ohnehin günstigen Tarif zu drücken versucht hatte. Wie immer, wenn der Roller unsere Veranda passierte, drehte der Fahrer extrastark an dem Lenker, um mit einer Hand lässig winkend den nach Gästen Ausschau haltenden Besitzer des Lokals zu grüßen.

Der Rollerfahrer, auf dessen Sozius sonst immer zu junge Neuseeländerinnen mit Dreadlocks und Military-Tops zu sehen waren, grinste blöd und winkte weiter. Das war sein Fehler. Das Vorderrad rollte über die Ölspur, ein Schlingern, die eben noch winkende Hand balancierte in der Luft herum, und als auch das Hinterrad ins Rutschen geriet, knallte der Deutsche, laut schreiend und »Scheiße, Scheiße!« rufend, in einen der übelriechenden Müllhaufen.

Der Papagei flog auf, der Besitzer des Lokals verzog sich schnell in die Küche, und nach dem lauten Zuschlagen der Verbindungstür war nur noch das sirrende Geräusch des sich ins Leere drehenden Vorderrades zu hören und das leise Wimmern des Verunglückten. Wir prosteten uns zu, und unser Gast fragte uns erst interessiert nach der Bedeutung des astronomischen Symbols, des Logos jenes Hamburger Wochenmagazins, für das der nun sich schmerzverzerrt im Müllhaufen Windende eine Reisereportage über die Andamanen schreiben sollte. Dann murmelte er kauend: »Wenn er schreibt, wie er fährt, möchte ich es nicht lesen müssen.« Die Sonne war untergegangen, der erste Stern erschien am Himmel.

CHINA ROOM

Phoenix Bay Jetty, Port Blair, Andamanen-Inseln, Indien. Kein Telefon

KHAO SAN ROAD
Bangkok, Thailand

Thailand ist dank der günstigen Flugpreise und der Prosperität immer öfter umherreisender Kurzaussteiger noch unerträglicher geworden. Das führt wie bei allen anderen ähnlichen Ländern zu einer Kulturübersättigung, deren auffälligstes Merkmal die Anzahl der umlaufenden sogenannten Geheimtips ist, wo »man in Thailand noch hinfahren kann«. Zuletzt wurden Orte wie die Insel Kho Nang Yuan angepriesen oder das letzte noch nicht entdeckte Opiumdorf der Shan- und Karenvölker an der Nordgrenze Thailands zu Burma empfohlen.

Das heißt nichts anderes, als daß man in Thailand überhaupt nirgendwo mehr hinfahren kann. Wenn man nun aber trotzdem schon mal da ist, empfiehlt sich wie beim Besuch von Balis Kuta Beach in Thailand der Rückgriff auf den von Rucksacktouristen wegen seiner als pervers empfundenen Kommerzialisierung am meisten gemiedenen Ort: die Khao San Road.

Auf einer Länge von einem knappen Kilometer erstreckt sich ein unvergleichlich attraktives und hektisches Einkaufs-, Wohn- und Eßparadies. Hier findet der Reisende alles, was es in den schwer erreichbaren Dschungeldörfern und auf den schwerer zugänglichen und noch schlechter versorgten Geheiminseln nicht gibt: für wenige Baht nachgeworfene Raubkopien sämtlicher Nintendo- und Sony-Play-Station-Spiele, günstig zu schießende Fake-Couture aller ersehnten europäischen und amerikanischen Mittelklasse-Designer wie Donna Karan, Ralph Lauren und Giorgio Armani, Billigpressungen der neuesten englischen House-platten und als Bonus in wenigen Minuten hergestellte gefälschte Studenten- und Presseausweise.

Die in den zahlreichen Restaurants, Guesthouses und von fahrenden Händlern am Straßenrand gereichte, auf Touristen zugeschnittene Interpretation der Thaiküche ist nicht nur magenfreundlicher, sondern auch geschmacklich befriedigender als die schwere und im Grunde unverständliche Originalkost, von der die blöden Geheimtipgeber nicht müde werden zu schwärmen.

Anstatt die zahllosen immergleichen buddhistischen Tempelanlagen Bangkoks zu besichtigen, bietet dem Reisenden jedes Restaurant auf der Khao San Road einen einzigartigen Service an: Hat der Tourist sich einmal für eine Gaststube entschieden, darf er dort während des Essens und dem Genuß mehrerer gekühlter Singha-Biere gratis mindestens drei der neuesten, in den Vereinigten Staaten und Europa noch gar nicht angelaufenen Hollywoodstreifen auf Video ansehen.

Der gleichförmige Lärm der Straße, der überall in den hier zu mietenden Zimmern der Guesthouses zu hören ist, wiegt wie nichts sonst in den Schlaf. Auch das vollständige Fehlen jedweder Privatsphäre führt dazu, daß man lediglich durch Kartonwände von der Gastfamilie getrennt zu ruhen gezwungen wird und so an deren vielfältigen, in der Nacht verursachten Geräuschen teilnimmt. Für dieses Privileg zahlt man gerne etwas mehr, als die sonst gnadenlos alle Preise herunterhandeln wollenden Traveller zu zahlen bereit sind.

Seinen Thailand-Aufenthalt auf die Gegend um diese Straße zu beschränken, ermöglicht nicht nur einen Prada- oder Helmut-Lang-Kauf in einem der aus versicherungstechnischen Gründen oft abbrennenden umliegenden Einkaufszentren. Auch wird so der vielgefürchtete sogenannte Kulturschock einer Asienreise auf ein Minimum reduziert. Schließlich und endlich erspart man sich durch die überflüssig gewordene Weiterreise eine jener tragischen Situationen, wenn ausgerechnet am Reisetag die Fähre zur menschenleeren Geheiminsel vom geschäftstüchtigen chinesischen Reeder maßlos überbucht wird und zusätzlich ein unerwartet dunkel auftauchender Monsunsturm wieder einmal eine zusammengepferchte Menge aus Einheimischen und Rucksacktouristen im Golf von Thailand versinken läßt.

Und wer möchte schon gerne, daß alle Bekannten und Freunde zu Hause vom eigenen Ableben durch eine auf acht Zeilen lakonisch komprimierte Katastrophenmeldung unter der Rubrik »Vermischtes« in der Süddeutschen Zeitung erfahren? Wir eher nicht.

KHAO SAN ROAD

Banglamphu, Bangkok, Thailand

CAFÉ ODEON

Zürich, Schweiz

Anfang der achtziger Jahre ließ sich das Spektakel der »Züri Brännt«-Bewegung am allerbesten aus diesem Café heraus betrachten, bei einer Panache: Feldschlösschen-Bier mit Grenadine-Sirup. Draußen rannten tatsächlich nackte Schweizer, Autonome und ihre Sympathisanten schreiend durch die Straßen, verursachten Glasschäden in den Vitrinen der hemmungslos überteuerten Boutiquen und verbreiteten eigentlich saugute Stimmung.

Wer indes nicht mitrennen wollte, zu faul, zu übersättigt war oder einfach keine Lust hatte, die von den damaligen Schweizer Kunstbands Grauzone und Kleenex in Frage gestellte Behäbigkeit der Schweiz mitzukritisieren, dem bot das durch eine Apotheke amputierte Odeon sicheren Halt. Die ruhigere Szene im Inneren lockte das gesamte Spektrum der antibourgeoisen Randexistenzen an, so daß bald Homosexuelle jedweder Couleur den Hauptteil des Publikums und der Kellner stellten und so eine neue Bürgerlichkeit einzog.

Das bekam dem Café gut. Leider verirrten sich immer wieder langweilige Kulturtouristen mit Büchern der dort einst verkehrenden James Joyce, Thomas Mann und Max Frisch, die verstört die hektische Fröhlichkeit der hübschen Bedienungen beglotzten, schnell ihren Café Creme austranken, zahlten und gingen, weil es zum Lesen ja doch zu laut und zu schwul war.

Eine Zwischenbemerkung: Lesen in Literatencafés gehört zu den Dingen, die sich von selbst verbieten. Es gibt bessere Dinge zu tun: Rauchen, Trinken, Lästern und auf die Toilette gehen, dann wieder Rauchen.

Wem die Lektüre der Neuen Zürcher Zeitung durch Max Goldts langweilig gewordene unaufhörliche Preisung der nur für ihn verquasten Schweizer Schriftsprache vergällt wurde, empfehlen wir den im Odeon ausliegenden »Tagi« zu stehlen, um bei einer anschließenden Tretbootfahrt auf dem Zürichsee gen Küsnacht hin irgendwann in der Mitte Pause zu machen und dann in der Nachmittagssonne lachend zu lesen.

Der nach Jean-Paul Sartre und Montgomery Clift vielleicht berühmteste Kulturträger mit Silberblick, Roger de Weck, war nicht immer Chef der Zeit: Als noch Menschen mit Reisebusfahrerbärten das große, protestantisch-sperrige Steuer dieses manövrierunfähig gewordenen Gefährtes zu lenken versuchten – wir denken hier an Robert Leicht –, war de Weck noch Chefredakteur des empfohlenen Tagesanzeigers. Ob überhaupt, und wenn ja, wie oft Roger de Weck im Pupen-Café Odeon saß, wissen wir nicht.

CAFÉ ODEON

Am Limmatquai 2, 8002 Zürich, Schweiz. Tel. 0041-1-2511650

GRAN HOTEL
Mérida, Mexiko

Diese respektable Unterkunft steht an der Plaza Hidalgo, dem Zentrum der selten besuchten staubigen Stadt Mérida am rechten, östlichen Zipfel Mexikos. Mérida, bekannt als wahrer Herkunftsort des irrtümlich so benannten Panamahuts, bietet nicht viel. Auf der anderen Seite des Platzes steht eine trostlos getünchte Kirche, deren blechern dröhnende Glocken um die Mittagsstunde viel zu lange asynchron die ersehnte Siesta stören.

Das vollständig in Minzgrün gehaltene Hotel besticht bereits durch die angenehm leere Lobby, den stets übermüdet eindösenden Portier und die reinliche Betreuung durch das unsichtbar bleibende Zimmerpersonal. Der tiefe Schlaf auf den bretthart gestärkten Bettlaken läßt einen nicht einmal die unentwegt an den Zimmerwänden entlanghuschenden schwarzen Salamander wahrnehmen.

Auch ist keine Störung durch die sonst überall in Mexiko lautstark auftretenden Amerikaner zu befürchten, da die verwaiste Lobby das komfort- und serviceverwöhnte Volk im Norden Mexikos, das, wenn es nicht im Urlaub ist, die Mexikaner nur als Reinigungspersonal wahrnimmt, eher abschreckt. Gut so.

Abends dann, nach dem wegen der Glocken und der Hitze unnötig ausgedehnten Nickerchen, sitzt es sich angenehm in der lauen Luft auf der Plaza vor dem Hotel.

Sombrerotragende, traurig mit abwärts weisenden Schnauzbartspitzen dreinschauende Mexikaner haben sich vor der Kirche aufgebaut. Zunächst ist ein Durcheinander von Trompete, Gitarre und einem banjoähnlichen Saiteninstrument zu hören. Dann öffnet der dicke Sänger seinen Mund, um sich auf die Molltonart einzustimmen.

Ein Saitenwirbel, und es geht los. Während das erste, sicherlich vom Tod handelnde Lied erklingt und die seit längerem bestellten Sol-Biere mit scharf gewürztem Popcorn serviert werden, wähnt man sich plötzlich in einem der vielen ungedrehten Filme von Sergio Leone.

Wer sich jetzt fragt, ob in dem Flaschenhals der Biere, die auf dem Tisch stehen, auch kleine Limettenscheibchen stecken, muß eines Besseren belehrt werden: Diese europäische Lifestyle-Marotte beruht nämlich auf einem kulturellen Mißverständnis. Dem Mexikaner dient die wertlose Zitrusfrucht lediglich zum Abwischen der hier üblichen Rostablagerungen, die die billigen Kronkorken an der Öffnung hinterlassen.

Eines Tages hatte ein mescalgeschädigter Schankwirt im Vollsuff vergessen, den Limettenschnitz zu entsorgen. Ein Trendforscher, der selbst auf Sommerurlaub noch alles in ein kleines Notizbuch aufschrieb, was ihm um ihn herum als trendverdächtig erschien, bekam diese Flasche serviert und stieß, weil er so nicht trinken konnte, das vom Rost rotbraun angelaufene Fruchtstückchen den Flaschenhals hinunter.

Da seine nicht gerade geschulte Zunge den penetranten Rostgeschmack nicht bemerkte, dafür aber die Säure, notierte er sogleich: »Merkwürdig, aber gar nicht schlecht, wie es die Mexikaner verstehen, ihre dünne Bierplörre aufzupeppen.«

Der Rest ist Geschichte.

GRAN HOTEL

Mérida, Plaza Hidalgo, Yucatan, Mexico.

Tel. 0052-99-247730, Fax 0052-99-2447622

YE OLDE ROCK BAR

Gibraltar

Dies ist die Lieblingskneipe aller Flugkapitäne der Gibraltar Airways Limited. An den Wänden hängen schlechte Kopien historischer Stiche der Seeschlachten um den unwirtlichen Felsen an der spanischen Südspitze. Draußen ist es immer neblig. Bis spät in den Abend fließen Stout und Lagerbier vom Faß. Gerüchten zufolge sollen sich Sean Connery und John Lennon, die beide heimlich auf Gibraltar geheiratet haben, hier in der Hochzeitsnacht besinnungslos betrunken haben.

Das Problem besteht für die Trinker unter den Piloten darin, daß der Start von der entschieden zu kurzen Piste nicht nur von den Wetterbedingungen erschwert wird, sondern auch von der einzigen Hauptstraße nach Gibraltar, die jene Piste kreuzt. Immer, wenn eine G. A. L.-Maschine startet oder landet, wird die Straße von den spanischen Schrankenwärtern geschlossen.

Es ist nicht verwunderlich, daß weder die betrunkenen Piloten mit Startschwierigkeiten noch die verirrten Kneipengänger aus der Ye Olde Rock Bar, die auf der für die Dauer der Flugbewegung gesperrten Betonpiste umherstolpern, bei den spanischen Schrankenwärtern sehr beliebt sind. Die Ausschankpolitik der Ye Olde Rock Bar hat sich trotz dieser eigentlich unannehmbaren Zustände auf dem Flugfeld der englischen Felsenkolonie nicht verändert.

YE OLDE ROCK BAR
Gibraltar. Kein Telefon

CAFÉ OPERA
Stockholm, Schweden

Dies ist ein Ort, der eigentlich nur noch von seinem Namen lebt. Das alte Operncafé, in dessen verschnörkeltem historischen Ambiente einst die vornehmeren Stockholmer beim Warten auf den Beginn der Aufführung ihren überteuerten Aperitif einnahmen, ist inzwischen durch eine aufdringliche Heineken-Leuchtreklame verunstaltet worden.

Früher, als die Sommerdepressionen ihn noch nicht ans Haus fesselten, ließ sich hier Ingmar Bergman neben dem nigerianisch-schwedischen Musikzahnarzt Dr. Alban nieder, ohne zu wissen, wen er da neben sich sitzen hatte. Als Bergman einmal Besuch von Anita Ekberg hatte, verabredete er sich hier mit ihr. Um sie bei der Begrüßung scherzhaft auf ihren Hollywood- und Amerikawahn hinzuweisen, sprach er die alternde Diva mit betontem Slang an: »Hello, Anita, tell me how ya doing?«

Dr. Alban lehnte sich lauschend herüber und überlegte sich, was genau ihn an diesem Satz so faszinierte. Gelangweilt vom Mundgeruch seiner Stockholmer Patienten und gleichermaßen sehnsüchtig unter Heimweh nach dem schwarzen Kontinent leidend, formulierte er die Begrüßung um. Aus »Anita« wurde »Africa«, und heute kennt jeder den Hit.

So wurde das Opera auch zum Musikertreff. Da drüben beeindruckt zum Beispiel im lockeren Gespräch der mittlerweile als Solist auftretende, umständlich grimassierende Gurkenrapper Stakka Bo die anmutige Nina Persson, Sängerin der schwedischen Wimp-Gruppe The Cardigans. Aber auch sie wendet sich nach einiger Zeit seufzend mit gezogenen Augenbrauen von ihm ab.

Die kleinen Speisen, die auf dem täglich wechselnden Menu zu finden sind, überzeugen gar nicht. Wir probierten zum Beispiel Chefkoch Werners »Middag«, ein Potpourri aus Köttböllar, zergarten Kartoffeln und völlig neutral schmeckendem Broccoli. Alles schmeckte, ähnlich wie in vielen schwedischen Restaurationsbetrieben, klinisch, vergleichbar der in Krankenhäusern erhältlichen Pflichtnahrung, die man in der Erholungsphase kurz vor der Entlassung serviert bekommt. Selbst das für zwölf Mark bestellte 0,25 l-Glas »Pripps«-Folköl, ein Bier mittlerer Stärke, konnte den Gaumen nicht mehr versöhnen.

Den bezopften italienischen Kellner des mit Spiegeln völlig zugeklebten Saales fragten wir nach einem mehr Spaß verheißenden Ort als diesem. Er überlegte kurz, schüttelte seinen Zopf und meinte dann: »If you wanna have fun, go to Gotland.« Was wir dann auch taten.

CAFÉ OPERA

Operakällaren, Kungsträdgården, Stockholm, Schweden. Tel. 0046-8-6765800

DAHAB
Dahab, Sinai

Lange Zeit war Dahab am Roten Meer der absolute Kiffergeheimtip. Vor ein paar Jahren entdeckten dann nicht nur die Norweger und die Deutschen das ehemalige Pink-Floyd-Paradies, sondern auch noch die Israelis, die zur Zeit zwischen Ventiane und Kalkutta sowieso alles entdecken. Die Preise für Ganja sind enorm gestiegen, und vier neue Bungalowkomplexe sind sicher nicht die letzten, die sich in der früher jungfräulichen Bucht breitmachen.

Auch die Nähe zum TUI-Nirvana Sharm-El-Sheikh, das eine Busstunde südlich entfernt liegt, ist durch die Tagesausflügler, die Hippies gucken wollen, etwas wohlseinsbeeinträchtigend. Doch dank der ägyptischen Terror-Organisation El-Gamaa El-Islamiya bleiben seit einiger Zeit viele Touristen dem Bade- und Loungeort fern.

Das politische Tagesgeschehen außer acht lassende Beatniks kommen trotzdem immer noch mit dem Nachtbus neun Stunden von Kairo aus angefahren. Etwas teurer kommt zwar der in Kairo bei der Firma Budget gemietete Fiat Regata, dafür kann man auf der Fahrt nach Dahab den Berg Sinai und das Katharinenkloster mitnehmen. Moses sah dort zum Beispiel den brennenden Busch.

In Dahab angekommen, kostete den Reisenden früher die Einzelhütte mit Bastmatte auf dem Sandboden und Kerze inklusive vier Mark. Für angenehme Gäste gab es zum Frühstück von den etwas verwahrlosten Beduinen eine kostenlose Bohnensuppe gereicht, Foul genannt. Bei ihnen konnte auch das Gras klargemacht werden.

Ein kürzlicher Besuch in Dahab zeigte uns nicht nur den Wandel der Zeit, sondern auch die daraus entstehende Rückständigkeit unserer Recherchen. Dahab ist den Israelis nun zu touristisch geworden, und sie haben sich zirka hundert Kilometer weiter nördlich nach Tarabeen verzogen. Wer nun meint, Tarabeen sei das neue Dahab dem können wir versichern: Das neue Dahab, Tarabeen, braucht man gar nicht mehr kennenzulernen. Denn es gibt im echten Dahab inzwischen das ganze Spektrum ägyptischen Nippes – von der Plastikpyramide über mannshohe Plüschdromedare bis zum feilgebotenen Original-Papyrus aus der Pharaonenzeit, auf dem mit Filzstift hilflos aufgemalte Beschneidungsrituale zu sehen sind –, und das ist ja ganz erfreulich. Es gibt nun keinen Grund mehr, sich den letzten Reisetag in Kairo von einem aufreibenden Bazaar-Besuch wegen der Mitbringsel für die Freunde verderben zu lassen.

Tagsüber weht in Dahab ein starker Wind von der Wüste Nefud über den Golf von Akaba herüber, der die Fliegen vom traditionellen Honigpfannkuchen vertreibt. Wem morgens die Bob-Marley-Klänge zuviel werden, der raucht eine mit Zaghloul-Tabak und Apfelstückchen gestopfte Wasserpfeife. Abends liegt man im sandigen Kreis der sogenannten Paranoiagrube und starrt die anderen Drogenopfer an.

Bewegungsfreudige tanzen sich entweder in dem offenen Holzhausgerüst des mit einem Stereo-Kassettenrekorder betriebenen britischen House-Club »Napoleon« müde oder schleppen sich tagsüber zum »Blue Hole« zum Tieftauchen. Dort ist dann auch eigentlich der einzig annehmbare Platz in der Umgebung. Dahab, das im Arabischen eigentlich »Gold« bedeutet, ist möglicherweise nicht so schlimm, wie wir es hier dargestellt haben.

DAHAB
Sinai, Ägypten.

CAFÉ ORTH

Westerland auf Sylt, Deutschland

Für den Niedergang der deutschen Ferieninsel Sylt seit den siebziger Jahren gibt es ein anschauliches Menschenschicksal als Beispiel: die sympathische Kellnerin Fräulein Helga, deren Karriere im einzig besuchbaren Café der Insel das ganze Elend der Geschichte des Prominenteneilands spiegelt.

Gelangt man von der furchtbaren Fußgängerzone kommend, die inzwischen direkt vom Bahnhof an der dicken Steinvenus, der »geilen Willemine«, entlang bis hin zur Nordsee führt, durch die antiquierte Drehtür in die rosa gestrichenen hohen Räumlichkeiten des Cafés, wird man von dem kurzhaarigen Geschäftsführer mit seinem irritierenden Silberblick freundlich vorbeibegrüßt.

Zwei Wege stehen dem Gast jetzt offen. Einerseits nach links in den großen Saal, wo man die Kuchenbar überblicken kann. Dies ist keine wirklich gute Aussicht. Denn die selten bestellte Sachertorte schwitzt schon lange vor sich hin, und die halbgefrorene Himbeertorte verspricht die vollständige, durch Salmonellen hervorgerufene Vernichtung einer gerade eintreffenden Rentnergruppe aus Süderbrarup.

Dann lieber nach rechts, wo es auf ein mit dunkelbraunem Linoleum ausgelegtes Podest geht, von dem aus im sicheren Dunkel der hintersten Ecke das grausame Sylt vergessen werden kann. Die mit abgewetztem dunkel-lachsfarbenem Samt ausgelegten Schaukästen sind eine schale Erinnerung an die unten im Club Rotes Kliff in Kampen angebrachten Vitrinen, die immer mit der Bulgari-Kollektion der vorletzten Saison vollgestopft sind.

Jetzt aber zurück zu Fräulein Helga: Versorgte sie früher noch freundlich mit geduldigem Lächeln die Urlaubsgäste am Platz – nie vergaß sie beispielsweise das sonst auf Sylt unübliche Glas Wasser zum Espresso –, so begann die Veränderung mit ihrer zunehmenden Körperfülle, die wir als Ausdruck des sich ausbreitenden Wohlstands der geschäftigen Insulaner deuteten. Bestellte man jetzt auf dem Podest zwei frisch gezapfte Biere bei ihr, mußte schon einige bei angenehmem Gespräch verbrachte Zeit bis zum ersten Schluck einkalkuliert und das nächste Bier immer gleich bei Ankunft des letzten bestellt werden.

Die Ruhe des Innenraums, die dadurch entstand, daß die ganzen Glotzer niemals drinnen saßen, sondern draußen auf der Friedrichstraße vor den Scheiben auf den Plastikstühlen hockten, wo es nur Kännchen gab und gibt, wurde durch keine Musik gestört. Das wohllautende »h« am Ende des Cafénamens bürgte für eine vergessene, altertümliche Wirtlichkeit.

Es kam aber Ende der achtziger Jahre anders. Der Sylt-Zenit war erreicht. Fräulein Helga war bald so dick, daß sie von ihrem strengen Chef nur noch an der Kuchentheke im Stehen eingesetzt werden konnte. Zeitgleich wurde die Dauerbeschallung durch Radiolautsprecher eingeführt. Nun dröhnte im Sommer wie im Winter das auf Einheimische und Urlauber gleichermaßen zugeschnittene Programm des ersten großen Privatsenders im Norden, Radio Schleswig-Holstein, kurz RSH genannt. Besonders das Verfahren, die meistgesponserten House-Heuler als widerliche, sogenannte »Kraftrille« dreimal pro Stunde laufen zu lassen, vergällten den Besuch der Insel überhaupt auf lange Zeit.

Heute ist es wieder still auf Sylt. Das sympathische Witthüs mußte einer darin installierten Wohnsiedlung weichen, Peter Bachér hat die Insel schon verlassen, die Prominentenkarawane folgt nach Rügen oder gleich nach Hiddensee, und Sylt fällt in seinen vielleicht letzten Dämmerschlaf vor der finalen, erlösenden großen Sturmflut. Fräulein Helga hat wieder abgenommen, und sie bringt die eigens geschnittene Friesentorte ab und zu auch wieder persönlich an den Platz. Und hoffentlich bleibt das so bis zum Untergang.

CAFÉ ORTH

Friedrichstraße 30, Westerland auf Sylt, Deutschland. Tel. 0049-4651-1778

ZU DEN DREI BUCHTELN

Wien, Österreich

In einer verwinkelten Seitengasse nahe des Wiener Naschmarkts ist tatsächlich die beste Küche Mitteleuropas zu Hause. Das Innere des Restaurants erinnert sowohl an eine Schrabbelkneipe als auch an den renovierungsbedürftigen Wartesaal der Bahnstation St. Pölten auf der Strecke von Linz nach Wien. Dies schreckt zum Glück nur den nach Geheimtips suchenden Gourmettouristen ab.

Großflächig rotkarierte Tischdecken und angeschlagenes Holzmobiliar vervollständigen den Eindruck einer schlecht laufenden Vorstadtwirtsstube. Jetzt kommt aber die Speisekarte: Blutwurstgröschtl, gefolgt von Kaviar-Blinis, Faschiertes Laiberl und zweierlei böhmische Knödel machen zuerst äußerst glücklich, dann will man noch mehr, wird dadurch noch glücklicher und ist dann irgendwann satt. Wer sich fragt, warum auch Helmut Lang hier regelmäßig verkehrt, dem sei ein einfacher Stabreim auf den Wirtshausnamen anempfohlen. Eigentlich sind Buchteln warm servierte, frische Cremebrötchen, wie sie jeden Abend im Café Hawelka, drüben im ersten Bezirk, unaufgefordert vom Kellner kurz vor Mitternacht durch die Reihen getragen werden.

Man macht sich übrigens – wir haben es ausprobiert – bei der Besitzerin der Drei Buchteln am beliebtesten, wenn man mit einer bordeauxroten Langhaarperücke auf dem Kopf das Lokal betritt.

ZU DEN DREI BUCHTELN

Wehrgasse 9, 1050 Wien. Tel. 0044-1-587 8365

CAROLINA GUEST HOUSE

Tuk-Tuk, Indonesien

Jeden Morgen um neun legen die mit weißer Farbe unregelmäßig getünchten Schiffe vom Kai ab und fahren die Neuankömmlinge über den großen Toba-See. Schon auf der Fahrt ergreift den Gast eine bisher nicht gekannte Ruhe. Das Wasser ist zwar nicht klar, aber gerade die Gleichförmigkeit der Verschmutzung hat etwas ungemein Meditatives. Das Boot hält nach einiger Zeit auch vor dem Carolina Guest House.

Es ist ein traditionelles Batak-Haus, in dem Schweizer Diplomaten problemlos neben alternden, Hom-Slips tragenden Ethnologen, zerzauste Antiquitätenschmuggler neben kinderlosen, weißweinsüchtigen Galeristinnen wohnen. Diese Eintracht liegt an dem befriedenden Blick über den dunstigen See. Obwohl, jeden Nachmittag ziehen fürchterliche Gewitter auf. Für zwei Stunden ist Götterdämmerung am Himmel über Sumatra. Dann, plötzlich, bricht die Sonne durch die schwarzen Wolken, und es gibt Abendbrot.

Am täglich gefegten Privatstrand des Carolina Guest House wird auf Wunsch ein aus örtlich angebauten Gemüsesorten schonend zubereitetes Reisgericht serviert, dessen Namen wir leider vergessen haben. Dieses vegetarische Gericht, das muß man wissen, steht allerdings in scharfem Widerspruch zur brutalen Tradition der Ureinwohner dieser Gegend, der Toba-Bataks.

Noch 1921 wurden zwei übermütige Missionare von ihnen aufgegessen, die es gewagt hatten, gegen den »Hadat« zu lästern, das auf Tierknochen aufgezeichnete Gesetzbuch dieses grausamen Volkes. Früher war es außerdem bei den Toba-Bataks üblich, die eigenen Eltern genau in dem Augenblick aufzuessen, in dem sie anscheinend zu alt zum Arbeiten geworden waren. Und in hungrigen Zeiten am fischreichen Toba-See wurde der »Hadat« kurzerhand umgeschrieben, um dadurch schneller in den Genuß derjenigen Stammesangehörigen zu kommen, die die Umschreibung nicht rechtzeitig mitbekamen.

Ein Bad im Toba-See ist leider wenig erfrischend, da das Wasser noch wärmer ist als die Luft. Zudem wird der Nachtschlaf unter dem schützenden Moskitonetz durch ein ohrenbetäubendes Gekruschtel aus lärmenden Kröten, zischenden Leguanen und dem schrillen Balzruf des Komodowarans erschwert. Daher scheint es angeraten, sich schon bei Ankunft auf dem Flughafen in Jakarta neben den obligatorischen Flaschen J&B auch gleich einen ausgiebigen Vorrat an Ohrstöpseln zu besorgen.

Ernst Jünger, der 1986, dem Halleyschen Kometen nach Sumatra hinterherreisend, ebenfalls im Carolina Guest House vorbeischaute, rundete seinen Aufenthalt mit den ins Gästebuch eingetragenen Worten ab: »Au weia. Kein Frühstück ohne Papaya.«

CAROLINA GUEST HOUSE

Tuk-Tuk, Lake Toba, Sumatra, Indonesien. Tel. 0062-5-41520, Fax 0062-5-41521

BISSAU PALACE HOTEL
Jaipur, Indien

An einer unerträglich schmutzigen Seitenstraße, kurz vor einem der sieben Stadttore Jaipurs, öffnet sich – relativ unerwartet – die schmiedeeiserne Pforte zu einer Ruhestätte des Glücks. Ein angenehm duftender Garten, ein still vor sich hin dämmernder Patio und die nicht sofort durchschaubare Architektur des mattgelben Kleinpalastes retten vor dem Indienkoller.

Anbei bemerkt: Nie sollte der Indienreisende die erstmalige Erschließung des Subkontinents mit einem Aufenthalt in Delhi beginnen. Tut er es dennoch, dann raten wir zur sofortigen Besteigung des Pink City Express, der von der Old Delhi Railway Station schnurstracks nach Jaipur fährt. Im Zug selbst, laut räuspernd die gerade gekaufte Times of India aufschlagend, die Penguin-Ausgabe von Evelyn Waughs ›When the Going Was Good‹ neben sich legend, sich frisch gebrühten Chai aus der türkisfarbenen, bahneigenen Plastikthermoskanne eingießend und den Individualventilator über dem Scheitel anschaltend, beruhigt noch im Moment der Abfahrt aus Delhi das monotone Rattern der schlecht vernieteten Schienen den Kopf.

So ausgerüstet und versorgt, läßt sich das Bild des eben durchschrittenen nächtlichen Bahnhofsvorplatzes im Gehirn verarbeiten. Dort zeichnete sich aus dem leergeglaubten Grau des Platzes beim näheren Hinsehen die geschlossene Menge Tausender schlafender Inder ab.

In Jaipur angekommen, ist sofort mit einer der gelbschwarzen Motor-Rikschas das Bissau Palace aufzusuchen. Der Manager des Hotels, der eine erschreckende Ähnlichkeit mit dem Münchener Mode-Impresario Rudolf Moshammer aufweist, zeigt einem gerne eines der mit antiken Rajasthani-Flinten behangenen Zimmer. Eine gute Wahl ist entweder der »Garden Room« oder das Zimmer Nummer 222. Eine schlechte Wahl wäre es, sich aufgrund der Hitze in den Hotelpool zu werfen. Dieser ist nämlich seit mehr als zehn Jahren von einer Umwälzpumpe verschont geblieben.

Viel besser ist ein Aufenthalt in der schattigen Hotelbibliothek, um ein Kingfisher-Bier vor sich schal werden zu lassen und dabei die unzähligen gerahmten Fotos des Maharadjas von Bissau zu studieren. Gerne zeigt sich der Lebemann nämlich mit dem Herzog von Windsor oder dem Erdnußfarmer, Ex-US-Präsidenten und Welthilfsorganisator Jimmy Carter.

Der Maharadja hat sich unter anderem, so erzählte uns der Nachtportier, aus Grindelwald in der Schweiz zwei Sankt-Bernhardiner-Hunde einfliegen lassen. Das Männchen, so der westindische Moshammer, leide offenbar sehr unter dem Klima, während das Weibchen sich bestens mit den indischen Straßenkötern draußen am Tor arrangiert zu haben scheint.

Jaipur ist leider erstens gleichzeitig der Heimatort des rosafarbenen Palastes der Winde, einem an sich sehr schönen, porösen Fassadenstück, das unglücklicherweise von dem österreichischen Aktionskünstler André Heller – einem Intimfreund Erika Pluhars – für seinen Weltzirkus mißbraucht wurde. Das macht aber nichts, denn aufsuchen muß man dieses als Wahrzeichen Jaipurs geltende Gebäude ja wirklich nicht. Zweitens, und das wiegt etwas schwerer, scheint Jaipur das Zentrum für dubiose, mit ahnungslosen Europäern und deren Kreditkarten eingefädelte Rubingeschäfte zu sein.

Wir können nur raten, die Finger davon zu lassen und sich statt dessen für erschreckend wenig Geld einen Pullovervorrat der hier überall erhältlichen ausgezeichneten indischen Firma »Oswal« zu besorgen. Diese Firma ist nämlich dafür bekannt, daß sie das synthetische Kaschmir erfunden hat, das »Kaschmilon«. Die Pullover sitzen gut, sie sehen lustig aus und einer kostet nur drei Mark – wenn man Glück hat, kann man eins der ganz seltenen Oswal-Exemplare finden, die mit einem in eine irische Fantasielandschaft davongaloppierenden Einhorn bestickt sind.

BISSAU PALACE HOTEL

Chandpole Gate, 302016 Jaipur, Indien. Tel. 0091-41-300191

ALTES KONTORHAUS

Kappeln, Deutschland

Ist der durstige Mann, der schwitzend von der Tuborg-Dose heruntergrient, auch hungrig, geht er nach Kappeln an den Hafen. Unweit der dänischen Grenze gelegen, besticht dieser Ort nicht nur durch die wohlvertraute Umgebung der hier gedrehten Vorabendserie ›Der Landarzt‹ mit Christian Quadflieg in der Hauptrolle, sondern auch durch das Fehlen jeglicher akzeptabler Gastronomie. Erstaunlich, wenn man bedenkt, daß die Ausflugstouristen, die täglich in großen Mengen ihre Kutterfahrt in die mythische zollfreie Zone dort draußen auf der Ostsee hier in Kappeln beginnen und auch beschließen, eigentlich ja auch irgendwo essen müssen.

Wir gingen zum Glück gleich in das Alte Kontorhaus, direkt an der Hafenpromenade, dort wo die Busse parken. Wer vor neunzehn Uhr kommt, erlebt hier das unvergleichliche Szenario norddeutschen Klönschnacks. Hier darf man sich bei der Barfrau ausweinen. Wenn die übergelaufene Waschmaschine wieder mal nicht vom Klempner repariert wurde und die fahlfarbenen Handtücher wieder nicht ausreichten, um den entstandenen Wasserschaden zu bremsen, wird für einen hier das Flensburger Pilsener etwas schneller als üblich gezapft.

Schnell wurde dieser Ort unsere immer wieder angesteuerte Ruhe- und Koststätte beim Verfassen dieses Buches. Um die norddeutsch-ruppige Umgangsform nicht zu durchbrechen, bestellten wir stets wortkarg Bier und Finkenwerder Scholle in Speckstippe.

An einem Abend, so erinnern wir uns, waren auch sechs deutsche Kriminalkommissare anwesend. Am Nebentisch sprachen sie, Pizza Quattro Stagioni essend, über die winzigkleine Drogenszene des norddeutschen Zollgrenzbezirks. Heftig kauend gestikulierte der Oberkommissar, er wurde stets mit dem Namen »Buck« von seinen Kollegen angesprochen, mit Messer und Gabel, um den »großen Fang« zu beschreiben, den er während eines privaten Fahrradspaziergangs mit seiner Frau Luise gemacht hatte.

Beim Radeln auf dem deutsch-dänischen Fernfahrradweg Eckernförde-Padborg sei ihnen nämlich kurz vor der dänischen Grenze ein beleibter Spaziergänger entgegengekommen. Dieser trug einen speckigen Anzug, schwitzte stark und wischte sich pausenlos die Stirn mit einem Taschentuch ab. Zunächst habe, so Buck, das Ehepaar den Fußgänger passiert, der grußlos beim Gehen vor sich auf den Weg starrte. Dann, nach einiger Zeit des Weiterradelns, habe Kommissar Bucks Frau ihn auf eine Beobachtung hingewiesen, die sie im Vorüberfahren gemacht hatte:

»Du, Eduard, der hatte doch eine volle geschlossene Dose Bier in der Hand, warum hat er denn nicht getrunken?«

»Stimmt, Luise, ich geh der Sache mal nach, wartest du kurz, ich bin gleich zurück.«

Noch verdächtiger wurde die Sache, als der Mann, der sich häufig umgeguckt hatte, in dem Moment sofort zu rennen anfing, als er sah, wie Kommissar Buck sich nach ihm umdrehte.

Eine Verfolgungsjagd entspann sich, bei deren aufgeregter Schilderung der Kommissar fast einen Olivenkern verschluckt hätte.

»Und was sag ich euch, was in der Dose des Dänen drin war?« flüsterte er mit vorgehaltener Hand: »Bis an den Rand vollgestopft war sie mit selbstangebautem Cannabis, das für den Kappelner Markt bestimmt war.« Ein Raunen, hochgezogene Augenbrauen, dann Beifall.

Unsere Schollen, deren ausgezeichneten Geschmack wir über die packende Geschichte fast vergessen hätten, waren aufgegessen, die Biere ausgetrunken. Der Kommissar stand auf, um auf die Toilette zu gehen, wobei ihm, als er sich sein Taschentuch aus der Hosentasche zog, um sich im Gehen ausgiebig die Nase zu putzen, ein paar dunkelgrüne Krümel aus der Hosentasche fielen.

ALTES KONTORHAUS

Am Hafen 5, 22437 Kappeln, Deutschland. Tel. 0049-4642-910865

DER HEILIGE BANYAN-BAUM

Arambol, Indien

Wer sich unschuldig in der Economy-Class in einem Flugzeug nach Südostasien befindet, das eine Zwischenlandung in Neu-Delhi macht, erkennt sie an ihrem strengen Geruch bereits zu Reisebeginn: Kiffertouristen auf dem Weg in ihr Neunziger-Nirvana, nach Goa. Bereits auf Delhis Indira-Gandhi-Airport ziehen sie auf der Toilette ihre pseudoindischen, mit kleinen Spiegelteilchen übersäten Batikwesten an, knarzen einen und fliegen mit dem Indian-Airlines-Morgenflug für 160 Dollar Richtung Goa.

Dort steht der Lotterbus nach Arambol bereit. Viele, die jetzt schon anfangen zu sparen, sich die billige Busfahrkarte schenken und sich sogleich auf den langen und beschwerlichen Fußweg machen, finden den Ort deswegen nicht, weil Arambol auf indischen Ortsschildern durchgängig als »Harmal« angekündigt wird, was dem an anderer Stelle beschriebenen konstanten Umbenennungswahn der Inder Rechnung trägt.

Diejenigen, die trotzdem den Direktbus genommen haben, steigen, von dem sich die Nase zuhaltenden Busfahrer zur Eile angetrieben, an einem mehr oder weniger attraktiven Strand aus und müssen dort so lange warten, bis ihnen eine dünne Rauchsäule den Weg zum heiligen Banyan-Baum weist.

Dieser Baum, dessen abnorme Form von Botanikern immer wieder bestaunt wird – die Wurzeln wachsen nämlich nach oben in den Himmel –, ist weitgehend von nackten Mitteleuropäern bewohnt. Dank jahrelanger Verehrung und Begehung ist der Baum abgegriffen, und die armselige Rinde, wo sie noch als solche zu erkennen ist, ist mit von Kinder- oder Dummenhand beschmierten Hippiesymbolen übersät.

Das Initiationsritual, das zum Umwohnen des Baumes befähigt, schließt die feierliche Verbrennung des Reisepasses inmitten des Haufens stinkender Westklamotten ein, was jene wegweisende, schon von weitem zu sehende dünne Rauchsäule entstehen läßt, die sich nachhaltig aus der windstillen Urwalddecke in den Himmel schlängelt. Für diesen üblen Geruch haben umliegende Anwohner ein Konkani-Schimpfwort erfunden, dessen nuschelnder Zischlaut orthographisch nicht wiedergebbar ist.

Auch sind die einheimischen Fischer – wir meinen völlig zu Recht – über die in ihren morgendlichen Netzen anstatt Fischen aufgefundenen Einwegspritzen so erbost, daß schon der eine oder andere gepiercte und tätowierte Junkieschwabe durch ein gezielt zwischen die Speichen geworfenes Holzscheit von seinem Enfield-Motorrad gerissen wurde, um sich benommen am Straßenrand liegend dann rasch seines stinkenden Brustbeutels entledigt zu finden.

Goa, soviel ist sicher, dient dem Reisenden heutzutage weniger als Erholungs-, Erleuchtungs- oder gar Erkenntnisziel. Vielmehr erfährt man hier mehr über den verrohten Zustand der Gesellschaft als sonstwo auf der Welt.

DER HEILIGE BANYAN-BAUM

Arambol, Goa, Indien

NORFOLK HOTEL

Nairobi, Kenia

Auf der aus braunem Holz gezimmerten Terrasse dieser altehrwürdigen Lodge zog in netteren Zeiten Baron Bror Blixen an seinem Tusker-Bier. Die blankpolierten Rohrsessel, auf denen an den wenigen kühleren Tagen Nairobis beige Sitzkissen plaziert werden, zählen auch heute noch zu den bequemsten Stühlen der Welt.

Mitten in der Stadt gelegen, überblickt man von der Terrasse aus eine vielbefahrene Straße, an deren Rand direkt vor dem Hotel wartende Taxifahrer in Blue Jeans neben ihren Wagen stehen. Sie reinigen sich selbstvergessen mit aufgeklappten Schnappmessern die Fingernägel und warten auf die aus dem Hotel kommende Kundschaft. Die Taxipreise in Nairobi sind nämlich in den letzten Jahren ins Unermeßliche gestiegen.

Als wir unlängst wieder einmal im Norfolk-Hotel einkehrten, weil es auch der einzige Ort Schwarzafrikas ist, an dem man ein ordentliches Entrecôte gebraten bekommt, bemerkten wir, wie sich jemand am Nachbartisch lautstark über den zu groß geratenen Fettrand seines Rib-Eye-Steaks beim Maître d'Hôtel beschwerte. Weil uns die scharrende, an das Banat erinnernde Aussprache des Mannes zugleich faszinierte und abstieß, drehten wir uns um.

Dort saß tatsächlich in einem verwaschenen Werdin-Jeanshemd, einer zerbeulten Leinenbundfaltenhose und Turnschuhen der [redacted] eines [redacted] Kleinstverlages, der sein Programm ausschließlich mit teilweise [redacted] bestreitet. Angewidert trennte er gerade den knorpeligen Teil seines Fleischstücks ab und schob es mit der Gabel kopfschüttelnd auf dem Teller herum.

Die letzte Begegnung mit dieser Person, so erinnerten wir uns erstaunt, fand in einem [redacted] Restaurant im [redacted] Bahnhofsviertel statt. Dort bereits fiel uns seine selbstgefällige Art auf, wie er in vorauseilendem Gehorsam, der eriträischen Speisesitte gemäß, mit nur drei Fingern der rechten Hand, die linke Hand unter dem Tisch baumeln lassend, sein Hammelragout mit labberigen Pansenlappen aufstippte und in den Mund schob. Mit jeder Pore seines Bewußtseins suggerierte er allen anwesenden Gästen, eigentlich der bessere [redacted] zu sein.

Glücklicherweise schien er uns hier in Kenia nicht wiederzuerkennen, was uns die Möglichkeit gab, ihn weiter zu beobachten. Gleichzeitig schob er nun seinen Teller von sich weg und winkte mit in die Luft gemalten Schreibbewegungen dem Kellner nach der Rechnung.

Als der Kellner sie auf einem Silbertablett an den Tisch brachte und der [redacted] sie entfaltete, brach er in schallendes, meckerndes Gelächter aus. Aus der mit Bratenfett betropften Brusttasche seines Werdin-Jeanshemdes zog er ein Stück Papier heraus, um, nachdem er das Schriftstück rechts neben die Rechnung gelegt hatte, noch lauter zu lachen.

Auf beiden Schriftstücken, so war nämlich zu sehen, stand der gleiche Geldbetrag: etwa zwölf Mark fünfzig. Nur, daß das hervorgezogene Schriftstück, über das der [redacted] sich so amüsierte, die monatliche Gehaltsabrechnung für seine gesamte, 128 Mann starke [redacted] Schreibtruppe war. Man erzählt sich, daß er sie im Keller eines Mietshauskomplexes am Erdinger Moos, unweit des Franz-Josef-Strauß-Flughafens, untergebracht haben soll. Dort unten, in dem von Vierzig-Watt-Birnen nur schlecht ausgeleuchteten Keller, [redacted] die afrikanischen Lohnschreiber offenbar an dem auf das deutsche, von schlechtem Drittweltgewissen getriebene Publikum zugeschnittenen Literaturpanoptikum des [redacted] Kontinents.

Der [redacted] faltete, immer noch leise gackernd, die beiden Zettel zusammen. Dann erhob er sich, murmelte in den afrikanischen Nachmittag [redacted] hinein und verließ die Terrasse des Norfolk Hotels. Wir hörten noch, wie er unten auf der Straße herrisch »Taxi!« rief und beim Einsteigen zischte: »Remember. I never pay more than one Dollar!«

Dann das beruhigende Geräusch eines zuschnappenden Klappmessers. Abfahrt. Danach war es wieder still.

NORFOLK HOTEL

Harry Thuku Road, Nairobi, Kenia. Tel. 00254-2-335422, Fax 00254-2-337642

OLD CATARACT HOTEL

Assuan, Ägypten

Galt noch vor wenigen Jahren die Anreise im Nachtexpreß von Kairo aus als der einzig annehmbare Weg nach Assuan, muß heute dringend davon abgeraten werden. Das liegt daran, daß auch die scheinbar sichere Übernachtung im hübschen Erster-Klasse-Schlafwagenabteil empfindlich dadurch gestört wird, daß ab Luxor in unregelmäßigen Abständen aus Wellblechhütten am Gleisrand auf den von Messerschmidt-Bölkow-Blohm in Donauwörth sorgfältig hergestellten silbernen Stahlzug geschossen wird, der mit Tempo 80 durch die sternenklare Nacht des Nildeltas rollt.

Auch bleibt dem dank einiger im schicken Barwagen eingenommener Biere tief Schlummernden verborgen, daß der vertrauensvolle Schlafwagenschaffner Achmed dann in Luxor plötzlich von seinem fundamentalistischen Cousin abgelöst wird, der auftragsgemäß ab den frühen Morgenstunden ordentliche Ladungen Grippe- und Tuberkelviren durch die Belüftungsanlage in die Abteile hustet.

Der Sackbahnhof Assuan stellt ebenfalls eine große Bedrohung dar. Dort nämlich warten weitere Mitglieder der schon anderweitig erwähnten Terrororganisation El-Gamaa El-Islamiya, um dem unbescholtenen Nichtägypter das Entgegennehmen seines Reisegepäcks durch plötzlich explodierende Nagelbomben zu erschweren.

Der derzeit zu empfehlende Anreiseweg zum Old Cataract ist deshalb ein Egypt-Air-Flug Kairo-Assuan, der nach einer knappen Stunde, in dessen Verlauf ausgezeichnetes Gebäck gereicht wird, langsam und sicher auf dem Wüstenrollfeld in der Nähe des Nasser-Staudamms aufsetzt.

Jener Staudamm wird zwar seinerseits von den im Nordsudan stationierten Marschflugkörpern bedroht – ein armselig kalkulierter Plan der sudanesischen Regierung, sich der ägyptischen Erbfeinde im Norden durch die Sprengung des Nasser-Staudamms ein für allemal zu entledigen, was angeblich zur Folge haben soll, daß die freigesetzten Wassermassen die gesamte ägyptische Bevölkerung sintflutartig ins Mittelmeer schwemmen würden – was jedem Kenner des Motivationsschwundes der schlecht bezahlten und noch schlechter ausgerüsteten sudanesischen Armee indes als von vorneherein zum Scheitern verurteilte Chimäre aus den Köpfen des größenwahnsinnigen Generalstabs vorkommen muß. Deswegen bitte auch keine Angst auf der Taxifahrt vom Flughafen ins Hotel.

Natürlich haben wir uns auch gefragt, ob es vielleicht sinnvoller sein könnte, im häßlichen Betonblock des New Cataract Hotel zu wohnen, um den schönen Anblick des direkt gegenüberliegenden Old Cataract genießen zu können. Andererseits muß gesagt werden, daß aufgrund der großen Hitze ein Aufenthalt auf den Balkonloggien des Old Cataract nur auf Sekunden möglich und das New Cataract bei sinnvoll zugezogenen Vorhängen ja auch nicht mehr zu sehen ist.

Die schöne Inneneinrichtung der Zimmer würde prinzipiell

sofort zum gemütlichen Plündern der Minibar einladen, wenn nicht ein nachmittäglicher Besuch der direkt über dem Nil liegenden Hotelterrasse viel verlockender wäre.

Dort dann einen Gin-Tonic, damit die Körperchemie wieder stimmt. Der Blick des in den bequem gepolsterten Rattanstühlen lümmelnden Gastes wandert über den Nil, hinüber zur Kitchener Island und zur Elephantine Island, auf der sich der weise und schwerreiche geistige Führer der Ismaeliten, Prinz Aga Khan, vor ein paar Jahren ein Mausoleum errichten ließ. Dahinter endet der schmale Kulturstreifen, und die unendliche Ödnis der Wüste beginnt. Vorsicht! Nicht zu genau rüberschauen: Auf der anderen Seite des Stromes entlädt sich keuchend ein alter, müde vor sich hin onanierender Fellache.

Wie man aus der Lektüre der Zeitschrift Cosmopolitan ja weiß, hat auch die Populärkriminalistin Agatha Christie im Old Cataract gewohnt und ihren Renner ›Tod auf dem Nil‹ in der später nach ihr benannten Suite geschrieben. Die Suite selbst fanden wir überteuert und enttäuschend.

OLD CATARACT HOTEL

Sharia Abtal el-Fahrir, Assuan, Ägypten. Tel. 0020-97-316000, Fax 0020-97-316002

FREAK STREET
Katmandu, Nepal

»Alte Hippies«, so sagt ein geflügeltes Wort des von seinen Deadheads erbarmungslos bis zum Leichenschauhaus verfolgten Jerry Garcia, Kopf der amerikanischen Stinke-Band Grateful Dead, »sterben nicht. Sie driften nur woanders hin.«

Und so besteht auch der besondere Reiz dieses Ortes darin, die einstige Attraktion, die bunt behängten und aus aller Welt seit den späten sechziger Jahren angereisten Gesellschaftsflüchtlinge nun nicht mehr dort vorzufinden, sondern vielmehr deren letzte Anwesenheitszeichen aufzuspüren und weiter verfallen zu sehen.

Und in der Tat, ein leichter Hauch von Kif weht noch die Freak Street hinunter. Die Hascherbars mit den wohlklingenden Namen »The August Moon«, »Umma Gumma« und »Abraxas« haben längst ihre psychedelisch bemalten Türen geschlossen.

Der an dieser untergegangenen Kultur interessierte Besucher findet aber in dem einen oder anderen Shop Erstausgaben von J.R.R. Tolkiens ›Herr der Ringe‹, zerlesene Raubdrucke von Allen Ginsbergs unerträglichem, weil im Drogenrausch verfaßtem indischen Tagebuch, Volksausgaben der Werke Hermann

Hesses und im Selbstverlag zu Büchern gebundene Aufzeichnungen zu Recht unbekannt gebliebener israelischer LSD-Dealer.

Als Buchstützen verwenden die nepalesischen Ladenbesitzer manchmal in befleckten und zerfledderten Plattenhüllen steckende vergessene Gemmen der Musik aus dieser Zeit. Uns fiel beim Bücherkauf zum Beispiel eine Erstpressung von Bachman Turner Overdrive, zwei Bootleg-Liveaufnahmen der »In-a-gad-da-da-vida«-Tour von Iron Butterfly, eine relativ gut erhaltene Scheibe von Blue Öyster Cult und auch das vergessene Meisterwerk ›Cheap Trick – Live at Budokan‹ entgegen. Erworben haben wir dort jedoch lediglich die auf Platte gepreßte, lang gesuchte Demo-Version des 1968 in Bombay mitsamt indischem Straßenlärm im Hintergrund aufgenommenen Sitar & Tabla-Albums »Wonderwall« von George Harrison, dem Soundtrack zum gleichnamigen, großartigen Film.

Hier auf der Freak Street endete einst der legendäre Hippie Trail, auf dem sich aus den Zentren der westlichen Zivilisation Erleuchtungssucher durch die Türkei, den Iran und über den Khyber-Paß schoben. Recht viele, so ist anzunehmen, erreichten Katmandu nie. In unzähligen Gefängnislöchern zwischen Athen, Kabul und Lahore vegetieren heute noch inzwischen verrückt gewordene, zahnlose Traveller, die entweder gleich mit um den Bauch gebundenen Haschischbatzen festgenommen wurden oder den ganzen Vorrat schon unterwegs aufbrauchten und – dadurch verwirrt und vom Weg abgekommen – an einsamen Wüstenstellen von der örtlichen Polizei entnervt aufgelesen und in Gewahrsam genommen werden mußten.

Nach diesen Menschen fragt heute niemand mehr, und auch

die Fragen, die sie einst an sich selbst stellten, wehen verloschen durch die fensterlosen Gitterstäbe ihrer längst sinnlos gewordenen Existenz.

FREAK STREET

Katmandu, Nepal.

HOTEL ZUM SPERRGEBIET

Lüderitz, Namibia

Durch Uwe Timms wunderbaren Bildband ›Deutsche Kolonien‹ und das Geschichtsinteresse der deutschen Popband FSK ist das lange nur als Spezialgebiet der Ewiggestrigen verschrieene ehemalige Deutsch-Südwest völlig zu Recht wieder in Erinnerung gerufen worden. Das Land, in dem es die trokkenste Wüste der Welt, die Namib, gibt, gefällt dem Reisenden sofort.

Nirgendwo sonst im Ausland ist die malerische Qualität der Deutschen Sprache so präsent wie hier, wo es Orte gibt, die »Walfischbay«, »Seeheim«, »Mariental« und »Warmbad« heißen. Oder etwa der plötzlich topographische Realität gewordene Kindertraum aller Donald-Duck-Freunde, der »Gansberg«.

Die hingegen zur Legende gewordene kleine Pension »Zum Sperrgebiet« beherbergt Wellenreiter, Diamantentaucher und andere Glücksritter aus allen Erdteilen. Diese gehören sichtlich zu den härtesten Männern der Welt. Denn die Temperatur des Meeres bei der Küstenstadt Lüderitz bewegt sich durch den von der Antarktis her fließenden Benguelastrom konstant unter der 14-Grad-Celsius-Grenze.

Gerade bei unserem letzten Besuch der Pension erlebten wir

im Aufenthaltsraum einen unter den Surfern spontan ausgebrochenen eklatartigen Tumult, als nämlich die wöchentlich versprochene Rohypnol- und Mandraxlieferung aus der Hauptstadt Windhuk ausblieb. Die aufgebrachten Gäste waren auch durch eine spontan vom Wirt ausgeschenkte kostenlose Runde Windhuk-Lagerbier nicht zur Raison zu bringen.

Folgendes war geschehen: Der Lastwagenfahrer, der die gefragten Barbiturate geladen hatte, kam unglücklicherweise auf halber Strecke aus Langeweile auf die dumme Idee, seine Ladung selbst probieren zu wollen. Dies trug zur Folge, daß der Fahrer nach anfangs eintreffenden, für ihn völlig neuen und verstörenden Visionen immer mehr dem Eindruck erlag, die Einförmigkeit der Straße sei Teil eines großen, nicht enden wollenden kosmischen Planes. Nach einigen Stunden der Reflexion hierüber verschwand auch die Straße aus seinem Bewußtsein, und er schlief am Steuer ein.

An der sich in jeder Richtung bis in die flimmernde Unendlichkeit fortschiebenden Straße saßen zwei alte Neger, deren Gesichter von der erbarmungslos niederbrennenden Sonne gezeichnet waren. Sie trugen beide Hosenträger und Anzüge, deren Schnitt bereits bei Ausbruch des Zweiten Weltkrieges als unmodern gegolten hätte. An ihren Füßen hingen einstmals aus Lastwagenreifen gefertigte und nun auseinanderfallende Gummisandalen.

Als sie eine Weile schon stumm nebeneinandersaßen, raste plötzlich der Drogenlaster an ihnen vorbei, dessen Fahrer sich gerade von innen an die Windschutzscheibe übergab. Die beiden alten Herren blickten sich kurz an, schüttelten den Kopf, und einer meinte zum anderen »Friedrich Wilhelm, guck mal, neue Schuhe für uns.«

Der schlingernde Lastwagen schubberte dann auch tatsächlich ein paar Kilometer weiter gegen einen Telefonmast.

Eine am nächsten Tag zufällig vorbeikommende Truppe Straßenarbeiter nutzte die Gunst der Stunde und räumte den inzwischen reifenlosen Laster des immer noch friedlich schnarchenden Fahrers leer. An ihrem Zielort, einer reparaturbedürftigen Nebenstraße kurz vor Lüderitz, werden sie noch heute erwartet.

Der Tumult im »Sperrgebiet« löste sich dann in dem Moment in Wohlgefallen auf, als die zu Rate gezogenen Diamantentaucher bereitwillig ihren Stickstoffvorrat als Drogenersatz zur Verfügung stellten. Auch fanden sich noch ein Kanister Benzin, mehrere Einwegspritzen und zwei dicke Tuben Pattex. Die Eintracht war sofort wiederhergestellt.

Wer sich nicht unter den oben aufgeführten Berufsgruppen wiederfindet, kann als Nebelfreund dennoch von der außergewöhnlichen meteorologischen Konstellation dieses Ortes profitieren: Der große Temperaturunterschied zwischen Eismeer und Lufthitze führt zu den sagenumwobenen Nebelbänken, die sich auf die Sanddünen entlang der Skelettküste legen. Blauer Himmel, weißer Sand, und dazwischen eine dicke graue Wand. Solche Nebel gibt es nur hier.

HOTEL ZUM SPERRGEBIET

Bismarckstreet, Lüderitz, Namibia. Tel. 00264-6331-2856

THE AMERICAN COLONY HOTEL

Jerusalem, Israel

Auf der arabischen Seite Jerusalems liegt eines der ältesten und schönsten Hotels des Nahen Ostens. Es wurde im Jahre 1860 als verschwenderischer Palast eines Paschas erbaut. Von der Verschwendung ist leider nicht viel übriggeblieben.

Außer den Zimmern, die im dem Leser inzwischen bekannten Kolonialstil gehalten sind, ist die kühle, im Keller aufbewahrte, der Örtlichkeit namentlich nachempfundene »Cellar-Bar« der Anlaufpunkt aller ernsthaften Alkoholiker zwischen Beirut, Hebron und Damaskus. »Chamber of Horrors« nennen weniger trinkfeste Auslandskorrespondenten diese Bar.

Andere, unaufdringlichere Reisende legen ihre Leber lieber gleich in die geübten Hände des palästinensischen Barmanns Ibrahim. Dieser mixt, so Julian Ozanne, Nahostkorrespondent der ›Financial Times‹, allen Ernstes den besten Harvey Wallbanger aller Zeiten. Um berühmte und gleichzeitig geschichtsträchtige Orte wie diesen ranken sich natürlich einige unhaltbare Gerüchte. Uns gefiel folgende Geschichte am besten:

Benjamin »Bibi« Netanjahu soll hier in der Nacht nach Bekanntwerden seiner Wahl zum neuen Ministerpräsidenten Israels sturzbetrunken, nackt, mit einem zwischen den Ohren stramm auf den Kopf gespannten schwarzen Wonderbra, also als Micky Maus verkleidet, und ansonsten nur mit einem Palästinensertuch seine Lieblingsszene des von und mit Barbra Streisand gedrehten Erfolgsfilms ›Yentl‹ nachgespielt haben.

Außerdem, so will es das Gerücht, stellte er nach dem mittlerweile achten Harvey Wallbanger alle anderen guten Szenen des Films, angefeuert von den nahezu vollständig anwesenden zukünftigen Knesset-Abgeordneten der Likud-Partei, pantomimisch nach, wobei er nicht nur den Part der Barbra Streisand übernahm, sondern auch zeitgleich sämtliche an den Szenen beteiligten Komparsen nicht vergaß zu interpretieren.

So sehr sich politische Gegner Netanjahus auch die Wahrheit dieser Geschichte herbeiwünschen, halten wir sie doch für komplett erlogen.

THE AMERICAN COLONY HOTEL

Nablus Road, Jerusalem, Israel. Tel. 00972-2-279777, Fax 00972-2-279779

GASTSTÄTTE OMA RINK

Frankfurt am Main, Deutschland

Der Weg zu Oma Rink, wie die Kneipe gemeinhin von Gästen genannt wird, ist schwieriger, als man denkt. Von der U-Bahn-Station Merianplatz kommend, verirrt sich der Hungrige, nach deftiger Frankfurter Regionalküche suchend, zunächst nordwärts auf der Berger Straße. Diese Straße, so muß man wissen, gehört zu den abstoßendsten Straßenformen: nämlich der verkehrsberuhigten Semifußgängerzone.

Deswegen nach dem Videoshop und der Filiale der Dresdner Bank sofort wieder nach rechts, in den Musikantenweg. Dort fehlt zwar die Hausnummer 68, aber hinter einer vergrößerten Garageneinfahrt liegt endlich der Apfelweingarten der ersehnten Wirtschaft. Jetzt aber rein, durch den Hintereingang.

Durch den dunkelbraunen, von weißen Schlieren befleckten Ledervorhang geht es schnurstracks in die verrauchte Wirtsstube hinein. Bekommt man an einem der verkerbten Holztische einen Platz, so wird am besten schnell die Karte zur Hand genommen, um sich nicht durch den überdurchschnittlich hohen Anteil an Sport- und Amerikanistikstudenten irritieren zu lassen.

Oma Rink liegt tief im durch Ex-Apo-Mitglieder, Konkret-Redakteure und gescheiterte Kulturbeauftragte und Stadtkämmerer gemeinst verhunzten, traditionellsten Frankfurter Äbbelwoi-Viertel: Bornheim. Die gehen nicht zu Oma Rink, sondern vielleicht noch ins Café Gegenwart, wenn sie nicht gleich im plötzlich doch jetzt praktisch gewordenen, anthrazitfarbenen Mercedes-Kombi aus der Stadt raus nach Bergen zum Szene-Italiener fahren, wo sie beim Trüffellinguine-Essen in Ruhe gelassen werden.

Bei Oma Rink indes ißt – wir mögen diesen Menschenschlag eigentlich auch nicht – der archetypische Spex-Leser und, sollte er einmal nicht homosexuell sein, dessen weiblicher, häßlicher Intellektuellenanhang dieser nur noch in Städten wie Frankfurt und Köln verbreiteten Gesellschaftsschicht.

Diese im Umgang freundlich, im Ressentiment jedoch boshaft Auftretenden können bei aller Mühe ihrerseits nicht von den preiswerten ausgezeichneten Rippchen mit Kraut und Brot ablenken, und noch viel weniger von dem köstlichen Apfelwein, den man wegen der lautstark bekundeten Überlastung der kurzhaarigen hübschen Kellner am besten gleich als Zwölfer-Bembel bestellt.

Das grelle Licht, das die abgewrackte Einrichtung noch etwas kaputter – wir sagen nicht spexiger – aussehen läßt, beleuchtet leider auch die neben vergilbten Bornheimer Porzellan-Trinksprüchen an der Wand hängenden, abstrakt-modernen Gemälde. Man erzählt sich, daß die ausstellenden Künstler diese Werke nicht nur zu Hause in mühseliger Heimarbeit produzieren, sondern zudem praktischerweise identisch sind mit den kellnernden Kunstgeschichtsstudenten, die soeben noch mit Schweiß auf der Stirn den bestellten Zwölfer-Bembel auf den Tisch gestellt haben.

Die auf der Schanktheke in einem großen, mit Salzlake verschlierten Aquarium ausliegenden hartgekochten Soleier können wir nicht empfehlen. Sie sind – und so endet die Legende – das übelriechende Rauschmittel, mit dem sich die mythische, weil nie gesehene Oma Rink zusammen mit ihren homosexuellen Kellnern nach Dienstschluß in Rage malt.

GASTSTÄTTE OMA RINK

Musikantenweg 68, Frankfurt am Main, Deutschland. Tel. 0049-69-4909162

BRASSERIE BALZAR

Paris, Frankreich

Diese Pariser Empfehlung verdanken wir Simon Turner, dem King of Luxembourg. Er meint, hier gäbe es nicht nur das beste Pfeffersteak der Welt, dazu die knusprigsten, goldgelben Frites, den erfrischendsten Endiviensalat, sondern auch den unvergeßlichen Chateau Palmer '61. Mehr ist dazu nicht zu sagen.

BRASSERIE BALZAR

49 Rue des Ecoles, Paris, Frankreich. Tel. 0033-1-43541367

ALBERGO ABRUZZI
Rom, Italien

Die Wirtin dieser Absteige ist sehr dick und konstant schlecht gelaunt. Sie trägt eine Hornbrille, die beim Kochen stark beschlägt. Die Dioptrinzahl dieser Brille ist numerisch nicht faßbar. Es ist dies dadurch die einzige Pension Roms, in der man ein Zimmer statt mit dem Personalausweis mit der entwerteten Bahnfahrkarte mieten kann.

Das täglich getragene schwarze Kleid, das die Wirtin beim Kochen mit einer Schürze überspannt, ist ein Erbstück der lang währenden Pensionsdynastie ihrer Familie. Ebenfalls Teil dieses Erbes ist die wuchernde Gesichtsbehaarung, die bei »Mama Abruzzo«, wie sie sich uns beim Einchecken muffig vorstellte, nicht nur zu einem stattlichen Oberlippenbart geführt hat, sondern auch zu eher unüblichen, zweifingerbreiten Damenkoteletten. Diese rasierte sie sich während unseres zweiwöchentlichen Aufenthalts genau einmal, nämlich am Tag unserer Abreise.

Die Zimmer, deren Fenster hübsch auf das Pantheon hinausgehen, eignen sich bestens zur entspannten Lektüre von Vogue Bambini. Gestört wird man dabei nur von den schwallartig über den Flur in die Zimmer kriechenden Küchendüften, die von Mamas eigenwilliger Interpretation der mittelitalienischen Bergküche zeugen. Diese bereitet sie meist nur für sich selbst zu. An regnerischen Tagen bringt sie gerne mal – aus Langeweile – ihren Gästen die Reste eines faulig schmeckenden Nachtischs aufs Zimmer.

Am ersten Tag unseres Aufenthalts regnete es in Strömen. Mama Abruzzo langweilte sich. Also klopfte es, wir öffneten, und sie stand, ein schweres Tablett mit zwei dampfenden Schalen in den Händen haltend, mit herausgestreckter Zunge vor unserer Tür. Aus Höflichkeit nahmen wir ihr das Tablett ab, und sie bedeutete uns mit dem raschen Hin- und Herbewegen ihrer Hand zum Mund, sogleich mit dem Essen zu beginnen. Wollten wir im ersten Moment noch ablehnen, war ihre zweite Geste weitaus unmißverständlicher: eine rasch über den Kehlkopf hin- und hergezogene Handkante. Also aßen wir.

Der Genuß dieses Ziegenbeerenkompotts machte sofort sämtliche Außer-Haus-Gänge unmöglich. Rom, so sahen wir ein, würden wir diesmal aus der Sitzperspektive der Kleinsttoilette unserer Pension wahrnehmen müssen. Zwischen den Gängen zur Toilette saßen wir am Fenster und schauten in die römische Nacht.

Die Durchfallerkrankung begann nun mehr und mehr auch unseren Sehsinn zu beeinflussen. Das von Scheinwerfern mit Beginn der Dämmerung orange angestrahlte Pantheon geriet dabei vor unseren Augen nicht nur gummiartig in eine wabernde Bewegung, sondern bekam auch von Zeit zu Zeit dunkle Löcher, was es in regelmäßigen Abständen in das ebenso runde Kolosseum verwandelte, um sich dann schließlich abwechselnd in einen der sieben munter pulsierenden römischen Hügel aufzulösen. Tagsüber schliefen wir erschöpft und beteten um Sonnenschein.

Aber ein ortsfestes Tiefdruckgebiet über dem Tyrrhenischen Meer schaufelte immer größere Mengen an dunklen Wolken über den Himmel, und mit Schrecken wurden wir jeden Tag vom prasselnden Regen und dem lauten mittäglichen Klopfen geweckt. Nie sahen wir auf dem Flur der Pension andere Gäste oder Bewohner. Lediglich ein kleiner Pudel lag dort, der schwarz auf der zweitletzten Treppenstufe zusammengerollt schlief.

Am Abreisetag schien dann endlich die Sonne. Noch draußen, während wir abgemagert auf dem blendend hellen Platz vor der Pension standen, hörten wir Mamas dröhnende Stimme ein letztes Mal, wie sie uns hinterherrief: »Vai, Christo fozzo, vai, vai!«

Eine Frage des rätselhaften Aufenthalts bei ihr beschäftigt uns noch heute: Wie schaffte die Mama es, zu klopfen und gleichzeitig mit beiden Händen das Tablett zu halten? Und, wenn nicht sie es war, wer hat dann geklopft?

ALBERGO ABRUZZI

Piazza della Rotonda 69, Rom, Italien. Tel. 0039-6-6792021

STRANDPERLE
Hamburg, Deutschland

Es gibt gewisse Tage im Sommer, an denen es in Deutschland keinen schöneren Ort gibt als diesen. Nicht der erste schöne Tag seit langem, sondern der dritte oder vierte einer Reihe von Tagen, an denen sich ein skandinavisches Hochdruckgebiet südwärts verlagert hat und den Nordseehimmel unwahrscheinlich blau und wolkenlos hält.

Es sind dies die einzigen Tage in Hamburg, an denen der seit den ersten Februarsonnenstrahlen von dreifach Bejackten und mit Ohrenklappenledermützchen Bekleideten praktizierte, um sich greifende Cabriowahn zwar nicht verständlich, aber zumindest berechtigt erscheint.

Dann ist es Zeit, das Auto zu verlassen, oben auf der Elbchaussee zu parken und die zahlreichen Stufen zur Elbe hinunterzusteigen. Oder gleich bei Neumühlen an der Buskehre eine der wenigen freien Parknischen zu wählen, um sich auf dem schmalen Övelgönner Sandpfad am Ufer ostwärts in Richtung Strandperle aufzumachen.

Häufiger wird natürlich der Sandweg gewählt. Denn nur auf diesem ist es den Hamburgern möglich, gleichzeitig die eben in der Hanseviertelpassage bei Hennes & Mauritz gekauften Kleidungsstücke nicht nur auf ihre Wirkung bei sich selbst zu überprüfen, sondern dieselben auch an anderen wiederzufinden.

Auf dem schmalen Strandstreifen liegt ein unübersichtliches Meer an Halbbekleideten. An der mit wirren Graffiti übersäten Wand gen Övelgönne hin lagern sie teils schlafend, teils umherlaufend. Man sieht wippende, sichtlich zwiefach gepiercte Brüste und freigebig zur Schau gestellte Lederslips. Drumherum liegt selbstproduzierter Müll aus Energy-Drink-Dosen, um die Mittagszeit Erbrochenem und durchschwitzten, abgelegten Nabelfreitops.

Wer jetzt den Blick niederschlägt und auf den völlig von weiterem Raverunrat verklitterten Strand schaut, entdeckt zwischen Grashalmen auch so manche ausgediente Spritzbestecke, die in den Himmel ragen. Im Wasser der Elbbuchten, in denen immer wieder die Kinder und Hunde der in die Jahre gekommenen und inzwischen aus schlechtem Gewissen verheirateten Popjournalisten und Werber spielen, dümpeln benutzte Kondome im Wellentakt.

Die Sonnenbrillenfrage, so weiß man, erschöpft sich nicht in dem Kampf zwischen Wraparound-Arnets und Cutler & Gross, sondern klärt sich durch das offensive Tragen des vorhin auf der Autobahnraststätte Holmmoor aus Verzweiflung zu 14 Mark 50 erworbenen Modells einer Fake-Tropfen-Ray-Ban.

Von weitem schon ist dann durch die nicht UV-geschützten Gläser der Bretterverschlag zu sehen, an dem sich unzählige vertraute Gesichter aus dem Hamburger Nachtleben in der nicht enden wollenden Schlange in die hoffentlich von anderen, hier noch nicht erwähnten Sonnenbrillen bedeckten Monsterpupillen schauen.

Von der Schlange an der Strandperle aus lassen sich beim Warten am besten die ein- und ausfahrenden Fracht- und Fährschiffe anhand der gehißten Flaggen vor tiefblauem Himmel auf Ziel- und Herkunftsland überprüfen. Vor und hinter einem in der Schlange spielen sich jedoch auch interessante Dinge ab.

Oft ist es ja so, daß die im Frühklub noch euphorisch geschlossenen Freundschaften in genau dieser Schlange ihr müdes Ende finden. Vor zwei Stunden noch erschienen die Gesichter unendlich hübsch. Das ändert sich beim ersten wiederkehrenden Hunger. Man merkt das daran, daß eine gebeugte und gelockte Gestalt mit aufgerissenen Augen aus der Reihe Treppe hoch Richtung Toilette ausschert und es wieder vorwärts geht.

Wer zwanzig Mark dabeihat und endlich drankommt, kann übrigens an der inzwischen erreichten Theke eine Wurst und ein Weißbier kriegen. Den Wechselgeldbetrag von vierzig Pfennigen kann man wahlweise mit einem hanseatischen »stimmt so« wieder über die Theke schieben oder aber hinter die über dem Ausschank befestigte Kupfertafel stecken, auf der folgender, nicht nur von Norddeutschen als gelungen empfundener Sinnspruch prangt:

»Kole Feut
Un'n nordern Wind
Gift nen krusen Büttel
Un'n lütten Pint.«

STRANDPERLE

Am Schulberg 1, Hamburg-Övelgönne, Deutschland

RESTAURANT ALT HEIDELBERG

Colombo, Sri Lanka

In der besseren Gesellschaft Colombos gilt es als besonders schick, zum Deutschen an der Ecke zu gehen. Das kann verstehen, wer will. Weder ist es dort auffallend elegant, noch paßt die Küche zu den klimatischen Verhältnissen der subtropischen Insel. Deswegen hat der Inhaber der Speisegaststätte in das Umluftsystem seiner Spezialklimaanlage einen Ionenauflader einbauen lassen, der die Luft nicht nur besonders gut filtert, sondern auch so stark kühlt, daß der sonst von der Hitze geschrumpfte Magen des Gastes nach einigen Minuten in der zehn bis fünfzehn Grad kalten Luft ausgedehnt wird und sofort nach fettgesättigtem Kasseler mit Sauerkraut und Kartoffeln verlangt.

Das Interieur der Wirtsstube ist mit aufgeklebten Fachwerkbalken ausgeschlagen, die Speisekarte bewegt sich regional zwischen dem Frankenland und Hessen, zwischen Bayern und Rheinland-Pfalz. Das frisch gezapfte Bier, nach dem sich Deutsche im Urlaub und auf Geschäftsreise immer verzehren, ist aufgrund des irreführenden deutschen Namens und der mangelnden Bierkenntnis des sinhalesischen Besitzers leider ein dänisches Produkt: Carlsberg Pilsener.

Dieser Schönheitsfehler wurde dann auch erst in dem Moment entdeckt, als an einem der ersten schlimmeren Tage des tobenden Bürgerkriegs eine erschöpfte deutsche Journalistin sich stark betrunken über den bitteren Geschmack des Dänentrunks echauffierte. Der Besitzer, der fest davon überzeugt war, mit einer original deutschen Bierfirma im Schankvertrag zu stehen, konnte die Randaliererin gerade noch mit einem badischen Tresterschnaps beruhigen, indem er ihr eine unbeschriftete Flasche mit schlierig durchsichtigem Inhalt auf den Tisch stellte.

Die Deutsche schenkte sich ordentlich ein, bis sie ungefähr die Hälfte der Flasche intus hatte. An dieser Stelle muß darauf hingewiesen werden, daß sich in einer der vielen Verschränkungen von Privat- und Weltgeschichte gleichzeitig mit dem Bürgerkrieg auch eine Ehekrise im Haus des Gaststubenbesitzers eingestellt hatte. Ausgerechnet an diesem Morgen hatte es einen besonders schlimmen Streit gegeben.

Die Frau hatte daraufhin, nachdem ihr Mann nach vorne ging, um seine Wirtschaft aufzumachen, seine Lieblingsflasche, eine als Geschenk mitgebrachte Rarität eines befreundeten Touristenehepaares aus Tiefenbach, versteckt. Der Jahrgangstrester, aus dem ihr Mann ab und zu und nur bei besonderen Anlässen ein kleines Gläschen nippte, wanderte in ihren Wäscheschrank.

Statt dessen füllte sie, um ihren Mann zu ärgern, in eine ähnliche Flasche das übelriechende Brackwasser aus dem Aquarium des vor einigen Wochen an Sauerstoffmangel gestorbenen Zierfischs. Um den gewünschten Geschmack zu erhalten, mischte sie zu kleinen Teilen den unverschnittenen hochprozentigen Kokosschnaps bei, den ihr Bruder illegal im Keller der Chemiefabrik, wo er als Müllmann tätig war, zusammenbraute.

Dieses Gemisch gärte nun im Magen der Deutschen vor sich hin. Sie stieß mehrfach auf, und ihr war furchtbar übel. Als beim letzten Aufstoßen schon Teile ihrer halbverdauten Mahlzeit wieder im Mund auftauchten, dachte sie, sie könne den aufkommenden Brechreiz mit einer nachbestellten Portion Eisbein bekämpfen. Als dies nicht der Fall war, trank die Journalistin noch ein paar Schlücke aus der vermeintlich aus der Heimat stammenden Branntweinflasche: Es nützte nichts.

Nachdem der Pegel von 3,2 Promille erreicht war, rutschte die Deutsche vom Stuhl. Ein paar Japser noch, dann war es still um sie. Unter dem Tisch breitete sich langsam eine übelriechende Pfütze aus, die dem Restaurant am nächsten Tag zu einem unvorhergesehenen Ruhetag verhalf.

Birte Härtling arbeitet inzwischen als Herausgeberin eines kostenlosen Lifestyle-Magazins, welches überall in den Filialen der etwas unangenehmen Modefirma, deren pseudoklassische Linie sich zwischen Kookai und Hallhuber hin- und herbewegt, ausliegt. Sie sollte Sri Lanka nie wiedersehen.

RESTAURANT ALT HEIDELBERG

Galle road 3, Colombo, Sri Lanka. Tel. 0094-1-421577

KRONENHALLE
Zürich, Schweiz

Gut gut, werden manche denken, die wir auf dieses Urschweizer Relikt hinweisen wollen. Die Bratwurst mit Rösti kostet hier doch um die fünfzig Franken, werden sie sagen. Der Bollito misto mit Mark und deftigen Würsten noch um einiges mehr. Dafür, so haben wir entdeckt, sind die Portionen um einiges größer und der Empfang um einiges herzlicher als sonstwo in Zürich.

Wie überall in historisch überreifen Lokalen, deren Gästebuch eine Ansammlung hungriger Kulturträger aufweist, bieten sich zwei Vorgehensweisen an. Erstens, man guckt beim Verzehr in seinen Notizen nach, wer hier schon von Friedrich Dürrenmatt bis Walter Mehring sein Geld gelassen hat, und blickt gerade noch mal auf, um die Rechnung anzufordern oder die an den Wänden hängenden Originale des Waschtisch-Impressionisten Pierre Bonnard und die aus dem Kunstunterricht in der Oberstufe schon vertrauten Nachmach-Collagen von Georges Braque zu studieren – vorausgesetzt, der leicht oszillierende Fettschimmer der servierten Speisen läßt einen die Gemälde noch erkennen.

Aber wenn wir ehrlich sind, ist die zweite Vorgehensweise die bessere: Der mit einer goldenen Cartier-Blauverlauf bebrillte Prinz von Schwamendingen, der brillantenbehängt mit seiner

Mutter hier Würste ißt, der notorisch appetitlose und erkältete Yves Spinks, der ständig eingängige Melodien vor sich hin summende Strumpfhosenfabrikant Dieter Meier und seine mit selbstbemalten Seidenfoulards behängte Frau, das in die Jahre gekommene Supermodel Gwendolyne Rich, deren Stern schon damals, als sie mit vierzehn auf einem kaffeebraunen Wallach vor dem Odeon hin- und herritt und verzweifelt versuchte, bei dem Kellner eine Flasche Vittel zu bestellen, im Sinken begriffen war, der schwerreiche Satiriker Pius Walker und endlich die zigarrenrauchende Livia Hegner-Merian, die meinte, in die Kronenhalle könne man nur gehen, wenn man sich ein bißchen in den Gesichtern der Gäste und ihrer Geschichte schlau gemacht hat, sie alle sind Gründe, sich beim Bewältigen des über den Tellerrand lappenden köstlichen Wiener Schnitzels die Gäste von heute näher anzusehen.

Wer indes Probleme mit seiner Verdauung hat und rasch nach dem Essen sein Geschäft verrichten möchte, achte je nach Geschlecht auf zweierlei: Ist die Herrentoilette der Zielort, empfiehlt sich ein Blick nach dem Tisch von Herrn Spinks, dessen leerer Stuhl für den Bedürftigen aufgrund der besetzten Kabine wahrscheinlich ein Problem darstellen wird.

Die Damentoilette hingegen bietet nur demjenigen Zuflucht, der die verwirrte Tochter eines Zürcher Glühbirnenfabrikanten ausnahmsweise an ihrem Platz, also nicht auf der Toilette, sitzen sieht, wo sie im Fogal-Ganzkörperstrumpf selbstvergessen auf ihrem Teller mit der Gabel aus den übriggebliebenen Gemüsestückchen verschiedene primäre Sexualorgane zusammenschiebt, deren serbokroatische Sonderform ihr aus dem eben beendeten Toilettenbesuch noch in Erinnerung geblieben ist.

Und selbst diese rituelle Vorgehensweise mit den Resten ihres auf vehement gepflegter Bulimie basierenden, widerwillig vertilgten Essens ist nur der stets wiederholte Auftakt des nächsten Toilettenbesuches, zu dem sie, als wir das letzte Mal dort waren, gerade mit dem auffällig unter dem Tisch wiederholten Öffnen und Schließen ihrer Schenkel einen jungen, in einen Kamelhaaranzug gewandeten Herrn zur gemeinsamen Wochenendpartie nach Flims einlud.

Aber auch beim Aufsuchen der Damentoilette ist vor allen Dingen auf den eventuell dort anzutreffenden und bereits oben erwähnten Yves Spinks zu achten, dessen nach der Enttäuschung einer gerade besetzten Herrentoilette bis zur Unkenntlichkeit verzerrte Fratze beim Händewaschen im Spiegel einem das wahre Gesicht der Stadt Zürich zeigt.

Die Minestrone, die noch James Joyce von der angeblich so sauberen Bahnhofstraße zu löffeln bereit war, gibt es nicht mehr. Heute liegt dort Polensuppe.

RESTAURANT UND BAR KRONENHALLE

Rämistraße 4, Bellevue, Zürich, Schweiz. Tel. 0041-1-2510256

BIERHELDER HOF

Heidelberg, Deutschland

Als Tourist ist man in Heidelberg schnell überfordert. Im Sommer drängen sich Einheimische, Sprachstudenten und Gäste durch die verstopfte zweitlängste Fußgängerzone Europas, die sogenannte Hauptstraße.

Vom Bahnhof nimmt man besser die Buslinie 21 direkt zum Königstuhl hinauf. Schnell biegt man nach Durchfahren der Weststadt in den Wald ab, wo sich eine Paßstraße den Berg hinaufschlängelt. Oben, vor dem Sanatorium Kohlhof, sollte man aussteigen und auf der grünen Hochebene den Weg zur Landgaststätte Bierhelder Hof einschlagen.

Dort, auf weißen Gartenholzstühlen bequem Platz nehmend, kann der Tourist die schwarzen Kühe bei der Paarung betrachten, die sich drüben auf der Wiese im mittäglich vor sich hin blubbernden Tränkenschlamm hin- und herwälzen, oder aber den daraus resultierenden starken Bienen- und Fliegenangriff beobachten.

Die im Bierhelder Hof erhältlichen Bratwürste aus der hauseigenen Schlachterei zeichnen ein klares Bild der Zukunft jener soeben beschriebenen Tierwelt. Wer nun auf dem Teller vergeblich nach Bienen- und Fliegenwurst sucht, dem sei ein Blick auf die kleinen, dunklen und undefinierbaren Stückchen im rosafarbenen Inneren der Wurst anempfohlen.

Unter dem Schatten der hohen alten Laubbäume geht selbst im Hochsommer immer ein Windchen, das von der Wiese her weht. Die vollbesetzten Tische sind alle vorwiegend von Heidelberger Sommerfrischlern besetzt.

Als wir einmal zur besten Zeit am Nachmittag kamen, waren nur noch zwei Plätze am vordersten sonnigen Rand frei. Zunächst wollten wir dort unsere vom Bahnhofskiosk mitgebrachten neuesten Tatler- und Bild-am-Sonntag-Ausgaben aus unseren Rucksäcken auspacken, um beim Lesen einen guten Teint zu bekommen. Wir marschierten auf die Plätze zu.

Aber unsere zukünftigen Tischnachbarn, die eben noch die versunken studierten Hermann-Hesse- und Douglas-Coupland-Taschenbuchausgaben unter dem Tisch in der Lederjackentasche verschwinden ließen, stellten sich leider als Bekannte aus längst verdrängt geglaubten Drogenpartyzeiten heraus.

Zweifellos hatten auch sie uns erkannt, bevor wir uns setzten. Um dem verklemmten Begrüßungszeremoniell zu entgehen, schlugen wir zunächst im Stehen mit dem englischen Hochglanzmagazin und mit der BamS nach den Bienen und den Fliegen. Als diese verschwunden waren und unsere beiden Bekannten ihre Flohmarktsonnenbrillen wieder aufgesetzt hatten, tuschelten sie kurz, legten ihre Zeche auf den Tisch und suchten das Weite.

Um uns nicht entgegengehen zu müssen, kletterten sie umständlich über das Gatter zu den Kühen auf die Wiese, einen legeren Spaziergang vortäuschend. Die weißleuchtenden Strumpfhosen der Frau gerieten schnell ins Blickfeld der dröge vor sich hin kopulierenden Kühe, die alsbald neugierig auf die beiden zuliefen. Besonders den Bullen waren die hellen Flecken auf der Wiese ein scheinbar magisch und instinkthaft anvisiertes Ziel.

Wir setzten uns, bestellten zwei Radler und jeder zwei Würste, um das Schauspiel weiter zu beobachten. Aber die inzwischen im Galopp einfallenden Brunfttiere, die den ebenfalls inzwischen Rennenden hinterherstolperten, verloren beim Näherkommen schlagartig ihr Interesse, schnaubten kurz und trollten sich dann verlegen.

In der Sonne blitzte dort nun ein Plastikviereck, das dem panisch vorneweg Eilenden aus der Tasche gefallen war und jetzt in einem frischen Kuhfladen lag. An unserem Nebentisch stand eine hübsche Heidelberger Studentin auf, die den Vorfall ebenfalls beobachtet hatte und, neugierig geworden, auf die Wiese lief. Sie bückte sich und hob das Plastikviereck auf. In Siegerpose schwenkte sie ihren Kommilitonen schon von weitem die braun bespritzte CD entgegen und rief: »Hey, schaut mal, die Best of Burt Bacharach! Easy Listening! Super!«

Der Anblick dieser verdreckten CD hatte uns im Nu den Appetit verdorben. Als wir die Zeche begleichen wollten und auf den Tisch sahen, fiel uns ein Papierschnipsel ins Auge, der dort lag. Es war eine Plattenkritik aus der taz. Wir boten sie der blonden Finderin zum Abwischen der CD an. Manchmal ist es eben einfach, Menschen glücklich zu machen.

BIERHELDER HOF

Heidelberg, Deutschland. Tel. 0049-6221-22827

MAULANA INN
Banda Neira, Indonesien

Kapitän Igu Bandasi von der indonesischen Todesfluglinie Merpati-Nusantara erklärt die Probleme des Anflugs auf Banda Neira wie folgt: Unabhängig von der Windrichtung und den stetig wechselnden Monsun-Stürmen gibt es nur eine Möglichkeit zu landen, nämlich, aufgrund der zu kurzen Piste, bergauf. Die Landebahn hat deswegen einen Neigungswinkel von 25 Grad, um das Flugzeug zum Stillstand zu bringen. Da von den Vulkanhängen des gegenüberliegenden Gunung Api starke Aufwinde wehen, muß der gesamte Anflug zusätzlich spiralförmig und mit dem Wind geleistet werden.

Wenn die veraltete und äußerst klapprige Twin-Otter dann endlich ausgerollt ist, steht die gesamte Inselbevölkerung blumenwinkend Spalier. Am breitesten grinst der dicke Mr. Des Alwi, denn dem Inselpaten gehört das einzig annehmbare Hotel am Platz, das etwas ambitionierte Maulana Inn.

Abends, es gibt zum Essen ausschließlich frisch vor dem Archipel gefangenen Fisch, zeigt Mr. Des Alwi zum Sashimi selbstgedrehte Super-8-Filme, die ihn mit prominenten Besuchern der Insel zeigen, zum Beispiel mit dem unlängst verstorbenen Nachmittagsprogrammtaucher Jacques Cousteau oder mit Prinzessin

Fergie. Wenn die Zungen vom dazu gereichten Anker-Bier genug gelockert sind, wird der Gast gerne aufgefordert, wahlweise auf der Bongo-Trommel oder an der Farfisa-Orgel die Hotelcombo zu begleiten. Am Hi-Hat die Hotel-Friseuse und am Mikrophon der Bergführer Mr. Ali M'Kaanis, der eine gelungene Interpretation von Bobby Vintons »Blue Velvet« liefert. Die traurigen Klänge wehen aus der Hotel-Loggia über die Bucht zum Vulkan hinüber. Wie überall in den Tropen geht man am besten um acht Uhr abends ins Bett.

Das Banda-Archipel war einst als die legendären Gewürzinseln bekannt, jahrhundertelang lag hier das Muskatnußmonopol. Eigentlich hat Christoph Columbus einen kürzeren Seeweg zu genau diesen Inseln finden wollen, als er dann zufällig Amerika entdeckte. Lange Kriege zwischen Holländern und Portugiesen, später dann zwischen Briten und Japanern, vernichteten einen Großteil der schönen alten Pflanzervillen und zwei Drittel der Bevölkerung.

Mr. Des Alwi – und auch wir – empfehlen dem Besucher einen zusätzlichen ganztägigen Bootsausflug zur Nachbarinsel Ai. Dort gibt es erst seit kurzem Strom und auch die älteste christliche Kirche Asiens. Von den von glücklich lachenden Inselkindern angebotenen ranzigen Butterkeksen sollte man der Gastlichkeit halber zwar abbeißen und kosten, sie aber im Munde behalten und in einem unbeobachteten Moment wieder ausspucken.

Zurück auf Banda – an windigen Tagen dauert die Überfahrt aufgrund hohen Wellenganges länger als üblich – schnappt man sich am besten wieder Mr. Ali M'Kaanis, um am nächsten Morgen die unumgängliche Vulkanbesteigung des Gunung Api ins Auge zu fassen. Sie beginnt vor Sonnenaufgang und endet mit dem lohnenden Ausblick über die Inselgruppe noch vor der härtesten Mittagshitze.

Ein nachmittäglicher Spaziergang über die Muskatnußplantagen erholt dann von den Strapazen der Besteigung, die auf den letzten Metern unter dem Gipfel durch die unter den Füßen wegrutschende schwarze Lavarollerde immer wieder zur Gleitpartie geraten war.

Warum allerdings die Einwohner ihre Blue Jeans ausgerechnet auf den Grabsteinen des einzigen Friedhofs trocknen müssen, bleibt ein Rätsel. Menschen mit besonders ausgeprägter Flugangst empfehlen wir die Anreise auf dem Seeweg von Ambon aus. Die Überfahrt auf dem stets vollen Bananendampfer, einem grabbeligen weißen Fährschiff, das nach und nach die ganzen Molukken abklappert, dauert vierzehn Stunden.

MAULANA INN

Jalan Pelabuhan, Banda Neira, Maluku Tengah, Indonesien.

Tel. 0062-910-21022, Fax 0062-910-21024

CAFÉ GALUBOI KUPOLA

Taschkent, Usbekistan

Drei blaue Kuppeln, im turkmenischen Stil gehalten, thronen über dem einzig annehmbaren Café in ganz Taschkent. Diese Stadt, mitten auf der alten, tausendjährigen Seidenstraße gelegen, ist Billigfernreisenden heutzutage nur mehr als Auftankstation der russischen Aeroflot auf den Flügen zwischen Südostasien und Moskau bekannt.

Manchmal passiert es, daß die Tankkolonne auf dem Taschkenter Flughafen an den Düsen der völlig verrotteten Tupolews selbst verursachte Klauschäden feststellt, was die seit Dutzenden von Stunden wartenden Insassen zu einem mehrtägigen Aufenthalt zwingt. Deswegen unsere Empfehlung des Galuboi Kupola.

Auf der Terrasse dieses Cafés bedienen schlüpfrige Kellner. Sie sind zumeist Gastarbeiter aus dem benachbarten Tadschikistan, tragen weiße Nylonhemden, DDR-Blue-Jeans, Nike-Air-Wear-Turnschuhe und silberne Panzerarmbänder.

Das von Erlebnissen nicht gerade durchgerüttelte Publikum hat den Kellnern gegenüber einen entscheidenden Nachteil: Es hat, außer auf die Wiederherstellung ihrer Aeroflot-Maschine zu warten, nichts zu tun.

Das am häufigsten bestellte Getränk – es ist im Grunde auch

das einzig erhältliche – ist warmer Wodka. Er wird aus verschlierten Wasserflaschen auf Handzeichen hin in kleine, hellgraue Teeschälchen nachgeschenkt. Wer sich ordentlich betrinken will, was angesichts der deprimierenden stalinistischen Stadtarchitektur Taschkents sinnvoll erscheint, muß sich beeilen: Café Galuboi Kupola schließt unerbittlich um neun Uhr abends seine Türen.

CAFÉ GALUBOI KUPOLA

Tibur-Platz, Taschkent, Usbekistan. Kein Telefon

HALIM

Ambon, Indonesien

Um das an anderer Stelle beschriebene Banda-Archipel zu erreichen, muß der Reisende mindestens eine Nacht in der unauffälligen Hafenstadt Ambon auf Ceram verbringen. Hier läuft nicht nur der Bananendampfer aus, auch der frühmorgendliche zwanzigsitzige Merpati-Nusantara-Propellerflug startet hier.

Eine Nacht in Ambon kann entweder mit blutigen Auseinandersetzungen in den Billardhöhlen der Hafengegend gestaltet werden oder gleich im schönen China-Restaurant Halim harmlos ausklingen.

Außer akzeptabler kantonesischer Küche wird dem erwartungsvollen Gast ein Spektakel besonderer Art geboten: Er wird nach dem Essen vom Geschäftsführer höflich gezwungen, beim Karaoke das Lied »Speak softly, Love« von Nino Rota aus ›Der Pate, Teil 1‹ so lange lautstark durchs ganze Lokal zum besten zu geben, bis der in kantonesischen Schriftzeichen auf dem Breitwandbildschirm erscheinende Text sich völlig mit dem Gesang des Restaurantgastes deckt.

Während des Liedes ist, wie man singend sieht, auf dem Bildschirm folgendes verschwommen zu erkennen: Ein Thai-Mädchen, das mit einem gelben vietnamesischen Ao Dai bekleidet ist, rennt durch ein ebenso gelbes Blumenmeer auf ihren Liebhaber zu. Dieser, Blue Jeans und eine Rolex Submariner tragend, wendet sich von ihr ab und bewegt seinen Mund asynchron zu den kantonesischen Zeilen von »Speak softly, Love«. Plötzlich verschwindet sie nach links, und er geht nach rechts. Schnitt. Übrig bleibt nur die grün leuchtende Lautstärkenanzeige.

Der Geschäftsführer klatscht erfreut in die Hände, und der herzliche Applaus der anwesenden Molukken und Kantonesen entschädigt für das ungekühlte Bintang-Bier.

HALIM RESTAURANT

Jalan Hairun 14, 97126 Ambon, Molukken, Indonesien.
Tel. 0062-911-52177, Fax 0062-911-43046

WINDSOR BAR
Kairo, Ägypten

Dieses staubige Refugium der Kairoer Intelligenz befindet sich im ersten Stock des etwas heruntergekommenen Windsor Hotels. Bereits im Treppenhaus überraschen vergilbte Werbeplakate der Swissair aus den sechziger Jahren. Vom Gebrauch des schmiedeeisernen Fahrstuhls ist jedoch dringend abzuraten, da er nur im vierten Stock hält.

Betritt der Durstige nun die Bar, wird er vom nubischen Keeper mit Fez an einen der braunen Resopaltische geführt. Die verschiedenen Sitzecken der Bar sind jeweils einem mitteleuropäischen Land gewidmet. So gibt es zum Beispiel die Original-DDR-Lounge mit dem Porträt Erich Honeckers, Anwar El Sadat die Hand schüttelnd. Ein Wimpel mit Hammer und Zirkel ziert den Tisch, auf dem eine Schale mit salzigen, nicht wohlschmeckenden Fischnüssen steht.

Die Ventilatoren an der Decke durchmischen mit verminderter Geschwindigkeit die schwere Luft, und während der Keeper fälschlicherweise die ersten eisgekühlten Stella-Export-Biere öffnet – das Stella-Local-Bier, das man stets bestellen sollte, ist nämlich um einiges trinkbarer –, gibt es einen der üblichen Kairoer Stromausfälle. Am Nachbartisch verstummt das Gespräch der drei letzten liberalen ägyptischen Journalisten, die noch bei der Zeitung Al-Ahram schreiben.

Der Besitzer des Hotels, Mr. Doss, eilt hörbar keuchend die Treppen herauf. Er entschuldigt sich in gebrochenem Französisch, herrscht den Keeper an, er möge sofort Kerzen entzünden und eine Runde Admiral's-Black-Table-Whiskey ausgeben, das hiesige Bootleg-Pendant zu Johnny Walker Black Label. Verstört kramt der Nubier unter dem Tresen nach Kerzen, und gerade in dem Moment, als er hinter der Bar hervorschlurft, um dem Befehl seines Chefs nachzukommen, geht das Licht wieder an.

Die Ventilatoren beginnen wieder ihre Bahnen zu ziehen, und Mr. Doss atmet sichtlich erleichtert auf. »Noch mal billig davongekommen«, nuschelt er auf englisch und verläßt eilig den Raum.

Draußen im Flur markieren angeklebte Postkarten aus Wild-West-Filmen die Geschlechtsbestimmung der Aborte. Gary Cooper ist für Herren, Jane Fonda für die Damen. Der Muezzin ruft mit rauher Stimme zum Abendgebet. Oben erfüllen die angenehmen, ebenfalls braunen Zimmer des Windsor-Hotels alle an der Bar genährten Wünsche.

WINDSOR BAR

Alfi Bey Str. 19, 11511 Kairo, Ägypten. Tel. 0022-2-5915277

PRINZ VON BAYERN

Asunción, Paraguay

»Ein Hoch auf General Stroessner!« schallt es laut und weit in den paraguayischen Nachmittag. Und alle heben ihren Humpen und ziehen einen tiefen Schluck Pilsen Paraguaya. Wer nicht mitzieht, wird schief angesehen. Die sonst so beliebte Yerba-Mate, ein dünner, gewöhnungsbedürftiger Kräuteraufguß, wird im Prinz von Bayern nur sehr ungern serviert. Das liegt nicht zuletzt daran, daß in dem gemütlichen Biergarten in den Sommermonaten Dezember bis März 40 Grad Celsius herrschen und daß ein Bier da einfach besser kühlt.

Wir saßen in dem von Bäumen beschatteten Hof. Um uns herum tranken ältere deutsche Herren in schlecht sitzenden argentinischen Maßanzügen ihre Biere. Sie waren schon seit der Vorsiesta mächtig betrunken. Immer wieder sahen sie zu uns herüber, und als sie merkten, daß wir uns auf deutsch unterhielten, machten sie unmißverständliche Handzeichen nach schräg oben. Dann baten sie uns an ihre lange Bank.

»Was ist mit Erich Priebke?« herrschten sie uns an. Noch bevor wir uns hierauf eine passende Antwort überlegen konnten, verschwanden plötzlich alle versammelten alten Herren gemeinsam auf der Biergartentoilette.

Lange Zeit hörten wir nur das Zwitschern eines bunten Vogels im Geäst. Unter dem Tisch knirschten wir nervös mit den Schuhen im Kies herum.

Nach einer Weile erschienen die Herren wieder, sichtlich aufgeräumt. An ihren langen Nasenhaaren klebten weiße Brösel. Sie setzten sich wieder, bestellten eine weitere Runde Pilsen Paraguaya, schlugen uns auf die Schultern und fragten, zu unserem Erstaunen: »Und was ist mit Rudolf Augstein?«

Wir können den »Prinz von Bayern« im Grunde nur eingeschränkt empfehlen.

PRINZ VON BAYERN

Aviadores del Chaco 2598, Asunción, Paraguay. Tel. 00595-21-600250

GALLE FACE HOTEL

Colombo, Sri Lanka

Da die ersehnten Orte im Süden der Insel nach dem zermürbenden Air-Lanka-Flug – bekannterweise eine der schrecklichsten Linien im Weltluftverkehr – nicht ohne Pause zu erreichen sind, empfiehlt es sich, hier mindestens eine Nacht zu verbringen. Das Galle Face ist zwar leider eine Institution, die bessere Tage gesehen hat, aber eben auch eine Institution, und auf diese kann nicht so leicht verzichtet werden.

Viel früher, so ist auf den in der Lobby aushängenden Marmortafeln zu lesen, wohnten hier die Könige von Siam, von Dänemark und Großbritannien, und auch Mark Twain. Einige Jahre ist es auch schon her, daß Otto Graf Lambsdorff am Tisch des aus Sri Lanka stammenden, bemerkenswerten Michael Ondaatje vorbeihumpelte. Heute indes erwartet den müden Gast, der nach Colombo kommt, nur der sich mit einem Zahnstocher im Mund herumschabende Rezeptionist.

Dafür ist jetzt Zeit, sich ein wenig umzusehen. Warum steht dort in der Ecke der Lobby ein Auto, das Prince Philip Anfang der fünfziger Jahre für zwölf Pfund gekauft hat, um die Insel zu erkunden? Warum stehen riesige Schalen umher, in deren stehendem Gewässer Lotus- und Orchideenblüten schwimmen?

Und warum wurde ausgerechnet der Name der bizarren Original-Berlinerin Inge Meysel hier auf Marmor verewigt? Spätestens jetzt kann der an diesen Fragen verzweifelnde Reisende noch kehrtmachen und ins nahegelegene, mit einer ausgezeichneten Sushi-Bar versehene Hilton ausweichen.

Das geht so: Wer auf dem Weg nach dort drüben vom Tamil-EELAM noch nicht durch einen mit tschechoslowakischem Plastiksprengstoff bis unter das Dach vollgestopften detonierenden Kokosnußlaster ausgebremst wurde, betritt die marmorierte, mit Messing und weißem Lack ausgelegte Lobby des Hilton. Es scheint ausschließlich auf japanische Geschäftsleute – in der Sushibar hängen tatsächlich diverse Manga-Comics an den Zeitungsstangen – ausgerichtet zu sein. Aber ultramodern, komfortabel und so weiter, dafür hat man nun wirklich nicht den Flug ertragen.

Wer sich diesen Ausflug nach unserer Beschreibung spart, darf gleich auf die Terrasse des Galle Face. Dort bringen barfüßige uralte Kellner, deren weiße Vollbartenden von den tatsächlich die Mücken vertreibenden, schnellkreisenden Ventilatoren hin und her gewirbelt werden, dem Durstigen erst nach anderthalb Stunden das ersehnte Three-Coins-Lager.

Im Galle Face findet man eben mit Abstand nicht nur die langsamste der in diesem Buch oft erwähnten langsamen Bedienungen, sondern auch – Usbekistan eingeschlossen – die unfreundlichste.

Das Bild, das einen während des Wartens immer mehr das Objekt des Wartens vergessen läßt, ist folgendes: Eine 180Grad-Panoramapostkarte, auf der nach einem Menschenschachbrett im Vordergrund ein leuchtend grüner Rasen direkt in die schmutzig-türkisen Riesenbrecher übergeht, die pausenlos anbranden.

Die Zimmer selbst sind – weiß man nichts von der Existenz

der Zimmer 104 und 114 – eher unspektakulär und in der Vormonsunzeit unangenehm drückend heiß. Hierfür entschädigt der persönliche Butler, der in Stundenabständen an die Holztüren klopft und erstens die noch ungetragenen Schuhe zum Putzen entführt, zweitens die durch die rüde Gepäckbehandlung der Air Lanka verbeulten Anzüge aufbügelt und drittens auch abgekochtes Leitungswasser für den First Flush Broken Orange Pekoe herbeibringt.

Zum Tee eine Zigarette, das ist hier ein zumindest fragliches Vergnügen. Stand doch an den Wänden des Flurs auf einer der zahlreichen angebrachten Anweisungen und Hotelmaximen folgendes: »Please don't smoke in bed. The ashes you will find may be your own.« Soviel Bevormundung ist zuviel. Ab in den Süden.

GALLE FACE HOTEL

Galle Road 2, Colombo, Sri Lanka. Tel. 0094-1-541010, Fax 0094-1-541072

THE EASTERN & ORIENTAL HOTEL

George Town, Malaysia

Neben dem »Raffles« in Singapur und dem »Oriental« in Bangkok, die beide in den letzten Jahren etwas zu sehr auf Vordermann gebracht wurden – sie werden aus diesem Grunde nicht näher von uns beschrieben –, ist das »Eastern & Oriental« das dritte, etwas angestaubte Standbein der großen alten Kolonialrefugien im fernen Osten.

In besseren Tagen saß hier William Somerset Maugham im Korbsessel, die Beine übereinandergeschlagen und die hohe Stirn leicht in Falten gelegt, auf der Gartenterrasse und summte, zusammen mit Noël Coward, einen Pink Gin nach dem anderen trinkend, eine heitere Melodie in den schwülen Tropenabend hinein.

Wäre der Indienfahrer und Erkenntnistourist Hermann Hesse nicht einige Jahre zu früh im »Eastern & Oriental« gewesen, er hätte sich flugs dazugesetzt und mitgesummt.

Leider war Hermann Hesse völlig unmusikalisch, und er hätte das gestrenge Ohr von Noël Coward, dem unsterblichen Komponisten des großartigen Stücks »Mad Dogs and Englishmen«, mit seiner nasalen Philisterstimme aufs unangenehmste berührt.

Auch konnte Hesse nur sehr schlecht Englisch. Übriggeblieben sind nur die bunten Lampions am Pool.

EASTERN & ORIENTAL HOTEL

Farquhar Street 10, George Town, Malaysia. Tel. 0060-4-375322

MADE'S WARUNG RESTAURANT

Kuta Beach, Indonesien

Kuta, was keiner weiß, ist der einzig wahre Ort auf dem ansonsten trostlosen Bali. Australier, für die es wesentlich billiger ist, dorthin zu fliegen als zum Beispiel von Perth nach Melbourne, betrachten Kuta Beach als ihr Playa des Ingles. Foster's-biergeschwängert ziehen sie durch die Straßen und rocken mit enthemmten Indonesiern zu den Klängen von Metallica um die Wette. Als Mitteleuropäer bekommt man vor so viel Fraternisierungszwang eher Angst.

Einen Ort gibt es jedoch, der weitgehend von der Invasion der Bewohner des ehemaligen Strafkoloniekontinents verschont bleibt. Auf zwei Stockwerken in einem zur Straße hin offenen, in traditioneller Bali-Architektur gehaltenen alten Holzhaus findet der Reisende bequem Platz, die furchtbare Szenerie sozusagen von außen zu betrachten. Die besten Plätze sind dennoch die einfachen Brettertische direkt an der Straße.

Hier promeniert, was in Bali auch sonst von Belang ist: blöde, immer einen Lonely-Planet-Reiseführer mit sich herumschleppende Traveller in Fake-Couture vom Stüssy-Shop um die Ecke, siebzehnjährige rastagelockte Rave-Diven aus Neuseeland, homosexuelle, früh gealterte deutsche Fürsten und ihr balinesischer Bubenanhang, berucksackte holländische Ein-Jahres-Aussteiger auf den Spuren ihrer brutalen Urgroßvätergeneration und die fahrenden Händler der künstlichen Paradiese.

Die Speisekarte bietet neben dem obligatorischen Bintang-Bier die traditionelle, aber recht ungenießbare Rijstafel. Der gewürzgereizte Magen kann sich hier bei dem Genuß einer ordentlichen Portion Spaghetti Bolognese erholen sowie das köstlichste Yellowtail-Sashimi außerhalb Japans bestellen.

Wer sich berauschen mag, soll dies ruhig tun. Vorsicht gilt jedoch vor den halluzinogenen Pilzen, die – in einem Omelette eingebacken – unter der Hand verkauft werden. Auch vor dem dort angepriesenen, angeblich direkt aus Italien importierten Kokain, dessen auffällig günstiger Preis von 100 Singapur-Dollar, gemessen an der gewaltigen zurückgelegten Strecke von Cali über Genua nach Denpasar, schon genügend Aufschluß über die wahren Ingredienzen des Produkts bieten sollte, sei hiermit ausdrücklich gewarnt.

MADE'S WARUNG

Jalan Pardai, Kuta, Bali, Indonesien. Tel. 0062-361-751923

PENSION FRIDHEM

Visby, Gotland, Schweden

Hier ist Fridhem, die Pension. Aus gelbgestrichenem Holz gebaut, steht direkt an der Ostsee auf der ansonsten unspektakulären Ferieninsel Gotland die ehemalige Sommerresidenz der Prinzessin Eugenie.

An der Rezeption sitzen gebeugt zwei anthroposophisch anmutende alternde Twens. Der eine war eben noch im Garten an der Staffelei, um seinen Malschülern beim Bewältigen des Blicks auf die karg-liebliche Gotländer Bucht behilflich zu sein. Der andere, schon morgens angetrunken und dank seiner braunbespritzten Gummistiefel als Gärtner der Fridhemschen Anlage zu erkennen, überreicht dem Gast den Zimmerschlüssel.

Im Treppenhaus, auf dem Weg zu den Zimmern, hängen wertlose Radierungen unbekannter schwedischer Künstler des neunzehnten Jahrhunderts. Die Zimmer selbst sind weiß und hellgrau gestrichen. Es gibt Balkone.

Unten im Garten, so ist jetzt zu sehen, sind noch andere Gruppen gemeinsam tätig. Am Wasser wird Schlammtöpfern aus der schnell trocknenden Gotländer Erde geübt. Drüben, bei den Bäumen, studiert eine Göteborger Laienspieltruppe Shakespeares ›Sommernachtstraum‹ ein.

Nachmittags im Salon: Das in Ultramarin und Gold gehaltene Zimmer ist erfüllt von den Klängen der Kindertotenlieder von Gustav Mahler. Am Flügel sitzt erstaunlicherweise der Gärtner von der Rezeption. Er ist barfuß. Und in gebrochenem Deutsch singt ein wunderhübsches dünnes Schwedenmädchen: »Oft denk' ich, sie sind nur ausgegangen!«

Nach Ende der Aufführung fragten wir die aufgrund ihrer blonden, zu Affenschaukeln hochgesteckten Haare und dem orangefarbenen Elastica-T-Shirt offensichtlich nicht gotländische Sängerin nach einem fröhlicheren Ort. Resigniert antwortete sie: »If you wanna have fun, go to Stockholm.«

Dennoch lohnenswert ist ein Aufenthalt im örtlichen Alkoholikerpark, draußen vor der Stadtmauer am Wall. Hier läßt sich ein wunderbares Yoghurt- und Pfefferchips-Picknick veranstalten, wenn man nicht von dem Troß der dort lagernden nölenden Penner verschreckt wird, die sich immer wieder in Gruppen gleich hungrigen Fliegenschwärmen den unbedarften Touristen nähern, um ihnen zahnlos grinsend und jauchzend von ihrem Kartoffelsalat in verdreckten Plastiktüten anzubieten.

Auch die Fahrt entlang der zahlreichen Blåhuset von Kaggmangarsvik – wenn wir den Namen richtig erinnern – zum militärischen Sperrgebiet im Norden der Insel hin hat ihren Reiz. Wer wagemutig genug ist und das Sperrgebiet, als wäre es nicht existent, durchfährt, gelangt vielleicht unbehelligt zum legendenumrankten Norstaaurar-Strand bei Fårö. Hier wirkt das urtümliche Erbe der Ureinwohner Gotlands, die sich stets von den Schweden absetzen wollten. Denn der Strand ist nichts anderes als die größte Nudistenkolonie ganz Skandinaviens. Gerade wie Gott sie schuf, amüsieren sich hier die Libertins des Landes: nacktes, gebräuntes Fleisch überall.

Das täglich um 16 Uhr angesetzte Beach-Volleyball-Turnier wird mit einem alten Renner der schwedischen Europopper Ace of Base angekündigt, dem in moll gehaltenen Reggaeschunkler »Happy Nation«. Und alle angetretenen Mannschaften wippen mit.

Aber auch angezogen läßt sich einiges entdecken. An der Südostküste, wo der russische Filmregisseur Andrej Tarkowski seinen letzten Film »Offret« drehte, findet sich am Straßenrand eine keltische Steinmandala. Darauf aufmerksam wird der Reisende durch schwedische Familien, die den nach innen führenden Kreis rennend durchlaufen. Allein die Mitte, obwohl sie vom außenstehenden Betrachter klar zu erkennen ist, erreichen die immer schneller rennenden schwedischen Familien nie.

Wir meinen, dies sei nicht nur eine gelungene Metapher für die Pension Fridhem, sondern für ganz Schweden.

PENSION FRIDHEM

Visby, Gotland, Schweden. Tel. 0046-498-296018

THE FUN CLUB

Diu, Indien

Das ehemalige Offizierskasino dieser einstigen portugiesischen Kleinstkolonie am arabischen Meer ist heuer eine preiswerte Pension. Die fünf asketisch ausgestatteten Zimmer, welche links und rechts von einer nur unmerklich eleganteren Suite flankiert werden, münden alle in die lange Veranda. Hier bei einer gekühlten Limca-Zitronenlimonade sitzend, lassen sich ausgezeichnet die handtellergroßen Flugameisen beobachten, die neben einem an die Wand klatschen.

Auf der Straße vor der Veranda schiebt sich ein Gemisch aus den größtenteils katholischen Einheimischen und den konfessionslosen dümmeren Travellern vorbei. Sie suchen, hektisch im Lonely Planet nachschlagend, den Fun Club, finden ihn aber nicht, weil der neue Besitzer die Pension in »Hotel Sanman« umbenannt hat.

Dies ist im Kleinen Ausdruck des bereits erwähnten derzeit in Indien grassierenden Umbenennungswahns, der zum Beispiel dazu führte, daß die indische Regierung aus Bombay »Mumbai« und aus Madras »Chennai« machen ließ.

Wir sind zwar der Meinung, daß der Name The Fun Club ohnedies wenig dem Charakter des Ortes entsprach, denken aber andererseits, daß gewachsene Ortsnamen ruhig ihr Recht haben sollten weiterzubestehen. Auch entfällt durch die Umbenennung das einstige Vergnügen, eine Temporary-Membership-Karte des Fun Club ausgehändigt zu bekommen, auf der eine Skizze mit zwei Palmen, zwei Tsunami-artigen Riesenwellen, einem Segelboot und zwei sich an der Hand haltenden Strandspaziergängern abgebildet war. Schade.

Der wesentliche Reiz der Insel Diu besteht für indische Touristen, die vom Festland in ganzen Busladungen aus dem benachbarten Staat Gujarat angekarrt werden, in der laxen Alkoholpolitik der Inselregierung. In Gujarat, so muß man wissen, herrscht nämlich strikte Prohibition. So stellt bereits die weiße Brücke, die auf die Insel führt, und das Passieren des streng blickenden Brückenpolizisten für so manchen Gujarati die Verheißung eines in dieser Absolutheit nicht gekannten Vollrausches dar.

Der zweite Reiz für die sich inzwischen orientierungslos Getrunkenen sind die tröpfchenweise eintrudelnden westlichen Touristinnen, die den Fun Club nicht gefunden haben und nun deswegen oben ohne an dem wunderschönen weißen Sandstrand liegen und den Kontakt zur vermeintlichen Inselbevölkerung suchen. Dieser beschränkt sich dann meistens auf das Abwimmeln der berauschten Gaffer.

Wer die Insel erkunden mag, ist auf den verschlagenen Mopedverleiher Mr. Harendra angewiesen, dessen halbseitige Gesichtslähmung, mit der er sich für sein ununterbrochenes Grinsen entschuldigt, dem erfahrenen Reisenden eigentlich schon einiges über den Zustand der Rostschleudern verraten haben sollte.

Die klöternden Maschinen, deren aufgesprungene Sitze während der Fahrt die gesamte Ladung des letzten Monsunschauers in den Stoff der Fahrerhose absondern und so das Gefühl einer überraschend eintretenden und unkontrollierbaren Durchfallerkrankung bewirken, geben immer an der einsamsten Stelle der Insel im Norden ihren Geist auf. Doch der schöne Ausblick über die riesigen Wellen des schäumend grünen Arabischen Meers entschädigt selbst hierfür.

Waren wir bei der Anreise noch gezwungen, vom Flughafen Ahmadabad aus eine vierzehnstündige Nachtfahrt im Hindustan-Ambassador-Taxi auf uns zu nehmen, kann man heute bequem, von Bombay kommend, auf dem wiedereröffneten Flughafen landen. Die Wände des bushaltestellengroßen Ankunftsterminals weisen heute noch die Maschinengewehrgarben auf, welche die 1962 fluchtartig die Kolonie verlassende portugiesische Hasenfußarmee zurückließ.

THE FUN CLUB

Fort Road 9, Bunder Chowk, Diu, Gujarat, Indien. Kein Telefon

CASINO CARRASCO
Montevideo, Uruguay

Für den Melancholietouristen erfreulich: endlose hohe Gänge mit abgetretenen handgeknüpften Hochlandteppichen aus den Anden und zerbröselnde Sesselgarnituren, aus denen an der Seite Sprungfedern herausgucken, bereits in der Lobby. In den südamerikanischen Wintermonaten beseitigen die antriebslosen Kellner den schlimmsten Staub.

Während der Hauptsaison im Dezember sind dann die Casino- und Bingosäle plötzlich mit eleganten Menschen überfüllt. Sie stehen an den Spieltischen und trinken, während sie ihr ganzes Geld verschleudern, Medio y Medio, eine grauenvolle Mischung aus klebrig-harzigem Weißwein und süßem Sekt. Dazu werden Senfkruspis gereicht.

Zunächst wunderten wir uns über die manchmal ins Hysterische abdriftende Heiterkeit der zumeist weiblichen Besucher des Roulettesaals. Ein lautes Gelächter um die Tische, aufgerissene Gebisse mit blinkenden Goldstrecken. Es schien, als ob die Bank öfter ausbezahlte als einnahm.

Dann erzählte uns jedoch ein junger Chargé d'Affaires der holländischen Botschaft in Montevideo, der uns beim Roulette durch sein obstinates, stundenlanges Setzen von Kleinstbeträgen auf die Zahl 27 sympathisch geworden war, daß Uruguay den höchsten Pro-Kopf-Verbrauch an Antidepressiva der ganzen Welt aufweist.

Wir sahen uns nochmals um. Bei näherer Betrachtung verlor die Heiterkeit ihre Unschuld. Tatsächlich hatten Prozac, Tavor und Lexotanil in den Gesichtern der versammelten Herrschaften Entsetzliches angerichtet. Beim Gehen raunte uns der Holländer, dessen Zahl immer noch nicht gefallen war, zu: »Algunos nacen con suerte, otros en Uruguay.« Die einen werden im Glück geboren, die anderen in Uruguay.

CASINO CARRASCO

Rambla México, Montevideo, Uruguay. Tel. 00598-1-5501261

CAMP DON ARMANDO

Tulum, Mexico

Drei Busstunden südlich der amerikanisch besetzten Bettenburg Cancún sind die Reste einer alten Maya-Stadt zu besichtigen. Erhaben ragen dort direkt am Strand die Ruinen einer lange untergegangenen Zivilisation in das Azur des mexikanischen Himmels.

Gleich daneben guckt Don Armando, ein dicker Mittvierziger, mit seinem Glasauge nach dem Verbleib seiner Gäste. Er führt ein strenges Regiment. Sein Abhängercamp ist immer ausgebucht, weil man dort für läppische achtzehn Mark am Tag ein paar Tage ziehen lassen kann. Der ausgezeichnete Mezcal hilft dem Gast, die Spezialität des Hauses, »Pollo Don Armando« – Hähnchen in Coca-Cola-Sud –, bei sich zu behalten.

Das Gericht entsteht so: Zunächst steckt Armando den rohen Schlegel in eine mit kochendem Öl randvoll gefüllte Pfanne. Nach einiger Zeit nimmt er den verbrutzelten Schlegel aus der Pfanne und legt ihn beiseite. In einem anderen Topf köchelt derweil der Inhalt einer Dose Coca Cola, der er eine große Menge Cayenne-Pfeffer, Salz und etwas Sahne beimengt. Jetzt gleitet der erkaltete Schlegel behutsam in den kochenden Sud, und das Ganze gart im geschlossenen Topf noch fünf Minuten. Als Beilage serviert Don Armando dazu im Öl der Hühnchenpfanne fritierte Kartoffelschnitze, Country Fries genannt. Aus der offenen Küche, wo sein jüngerer Bruder Hermando ihm beim Kochen zur Hand geht, kullern leere Coca-Cola-Dosen auf den Strand.

Ob Hermando wirklich, wie Armando beteuert, sein Bruder ist, was angesichts der völlig fehlenden Ähnlichkeit schwer zu glauben ist, oder vielmehr einer dieser mexikanischen Tunichtgute, die mal hier, mal dort sich für Gratiskost und -logis verdingen, bleibt unklar.

Das fettige, in braunes Kunstleder gebundene Gästebuch, das der dicke Don ungefragt jedem Gast nach Genuß seines Pollos über den Tisch schiebt, ist randvoll geschrieben. Dort ist in allen Sprachen der Welt von der über Jahre unveränderten Rezeptur seines Mittagstisches zu lesen.

Man hüte sich übrigens davor, den Gastwirt der Strandschänke beim Einchecken nach Handtüchern zu fragen. Wer sich nicht von der Sonne trocknen läßt, bekommt sofortigen Quartierverweis. Ab und zu dreht im Nachbarcamp Santa Fe, ein bißchen strandabwärts, einer durch und wirft schreiend seine gesamte Habe ins Meer. Im Grunde hat man es hier genau wie in Dahab.

CAMP DON ARMANDO

Tulum, Yucatán, Mexiko. Kein Telefon

QUEBRA COSTAS
Coimbra, Portugal

Die Altstadt von Coimbra ist steil und verschachtelt. Schmale Gassen winden sich den Berg hinab. Oben liegt die Universität, wo die Studenten neuerdings wieder in ihren traditionellen schwarzen Umhängen eilig zwischen den Vorlesungen hin und her wandeln. Seit ihrem Bestehen stellt diese ehrwürdige Bildungsstätte, eine der ältesten ganz Europas, die Köpfe und zukünftigen Staatslenker des Landes. Nach Vorlesungsschluß ziehen sich die Studenten zum allabendlichen Besuch in die Bar Quebra Costas, zu deutsch etwa »Brich dir das Rückgrat«, zurück.

Der erste Fado, der in Coimbra im Unterschied zum Rest Portugals von Männern dargeboten wird, schallt traurig mit zitherähnlicher Saitenbegleitung durch die langsam auskühlenden Steinlabyrinthe.

Das besonders beliebte Hinterzimmer der Bar ist mit dunklem Stoff ausgeschlagen und liegt direkt neben dem Eingang zu den winzigen, unhygienischen Stehtoiletten. Dort wird nämlich der im Rest Europas verbotene reine Absinth ausgeschenkt. Serviert bekommt man ihn auf Eis in großen Wassergläsern. Mit dem Glas in der Hand setzen sich die Trinker dann draußen vor der Tür auf die winzigen hellen Treppenstufen, die steil nach unten führen.

Dort, so es noch geht, diskutieren die Mitglieder der in Portugal traditionell eher linksradikalen Studentenverbindungen, vor deren Stammhäusern schon mal ein weißer Totenkopf auf schwarzem Grund im Abendwind weht, den möglichst schnellen Ausstieg aus der Europäischen Union.

Das gelbe Teufelszeug, von dem man, weil es so durstig macht, komischerweise nie genug bekommen kann, bewirkt, daß nach einiger Zeit die ersten vornüber fallen, die Treppen hinab. Spätestens dann weiß man, warum die Bar so heißt.

QUEBRA COSTAS

Se Velha, Coimbra, Portugal. Kein Telefon

CHA CA LA VONG RESTAURANT

Hanoi, Vietnam

Hanoi ist immer noch toll. Ein paar Jahre noch, dann wird es von den Wonnen des Kapitalismus genauso überzeugt sein wie das im sonnigen Südvietnam gelegene Saigon. In der Zwischenzeit aber kann der Reisende sich in Hanoi noch genauso unzuvorkommend behandeln lassen wie zu besten Ostblockzeiten. Und wenn man in Hanoi ist, besucht man am besten, als Katharsis sozusagen, das Cha Ca La Vong.

In diesem überaus unfreundlich geführten Restaurant gibt es – wie früher in Warschau oder Ost-Berlin – nur ein Gericht. Es nennt sich wie die Straße und das Lokal selbst: Cha Ca. Fangfrischer Fisch aus dem nahegelegenen Golf von Tonkin wird mit Zitronengras, Fadennudeln, Erdnüssen und Knoblauch von Großmutter La Vong direkt an den speckigen Holztischen, auf denen in der Mitte ein Tischfeuer brennt, vor den Augen des Gastes gebraten.

Im ersten Stock befinden sich zwar die besseren Tische, aber leider schafft die Großmutter die Stufen dorthin nicht mehr. Ihre flinke, garstige Schwiegertochter, die dort im ersten Stock die Tischfeuer am Köcheln hält, verwendet zuviel Knoblauch. Sie stammt nämlich aus dem äußersten Norden Nordvietnams, wo seit Jahrhunderten das chinesische Schriftzeichen für Knoblauch groß geschrieben wird.

Der Geschmack von Cha Ca ist trotzdem unbeschreiblich, als ob er nicht von dieser Welt wäre. Das dazu unaufgefordert gereichte leckere »333«-Bier, auf vietnamesisch Ba-Ba-Ba-Bier genannt, schäumt in den vom Spülwasser noch beschlagenen Gläsern auf.

Ein Besuch der klimatisch eher unwirtlichen Hauptstadt Vietnams lohnt sich allein schon wegen dieses schmutzigen, eher unscheinbaren Restaurants. Das genaue Rezept für Cha Ca kennt nur die Familie La Vong, und die rückt es nicht heraus.

CHA CA LA VONG RESTAURANT

14 Hang Cha Ca, Hanoi, Vietnam. Kein Telefon

CECIL HOTEL CAFÉ
Alexandria, Ägypten

An der Hafenpromenade, der Corniche von Alexandria, stehen einige weiße Plastikstühle und der eine oder andere kleine Tisch. Hier etwa, wo nun nur diese Plastikstühle übrig sind, saß im Jahr 1952 Lawrence Durrell, der Verfasser des legendären Alexandria Quartetts, und beobachtete die Schuhputzerjungs, die schon damals emsig von einem Herren zum nächsten flitzten.

In der tagsüber unvergleichlich glitzernden Bucht von Alexandria, deren Tiefen noch immer die mythische größte Bibliothek des Abendlands der Menschheit vorenthalten und in der heutzutage äußerst unseriös ausgerüstete Taucher der ägyptischen Regierung nach den untergegangenen Kulturschätzen des makedonischen Kaisers fahnden, tauchen die Schuhputzer auch auf Wunsch nach der Ledersandale, die Lawrence Durrell vor Wut über die schlechte Qualität der Zitronenlimonade damals ins Meer katapultierte. Wir fanden die Limonade hingegen trinkbar.

Der griechische Exilliterat Konstantin Kavafis, der einige Jahrzehnte zuvor in Alexandria lebte, soll ebenfalls in einem Wutanfall seine fälschlicherweise mit schwarzer Schuhcreme verhunzten braunen Lederschlappen in die Bucht geschleudert haben. Diese symbolische Verhaltensweise, mit Alltagsgegenständen, die der Schmutz der Straße überzogen hat, ein kulturgesättigtes Gewässer zu bewerfen und damit gleichsam anzureichern, kann der geübte Leser auch in den Gedichtbänden der beiden erlesenen Poeten entdecken.

Auf einen ordentlichen Whisky Sour wartet der für die neunziger Jahre mit einem Paar heterosexuellen Sandalen anständig ausgerüstete Gast auf den Plastikstühlen des Cecil Cafés bis heute vergeblich.

CECIL HOTEL CAFÉ

Midan Saad Zaghlul 16, Alexandria, Ägypten.

Tel. 0020-3-4837173, Fax 0020-3-4836401

NEEMRANA FORT PALACE

Neemrana, Indien

Ende der achtziger Jahre kaufte Monsieur Francis Wacziarg diese verfallende Kriegerburg, um daraus ein Hotel zu schaffen, wie es nur die Franzosen nach langer Zeit und vielen Anstrengungen hinbekommen. Er erstand eine Antiquität nach der anderen und dekorierte mit viel Sorgfalt und Hingabe jedes Zimmer. Natürlich sind die Zimmer eher Suiten, manche haben bis zu drei Balkons, trotzdem hat jeder noch so kleine Raum einen Ausblick über die staubige Ebene Nord-Rajasthans.

Auf den Armaturen der berühmten Badezimmer steht erfreulicher- und unerwarteterweise erst einmal »chaud« und »froid«. Daß man nicht irgendwo in Frankreich ist, kann man im fast kochenden Badedampf leicht vergessen.

Doch Vorsicht: Aus dem Nebel des aufgedrehten heißen Duschwassers könnte ein bösartiger, zähnebleckender, tollwütiger Pavianaffe durchs Badefenster hereinlugen. Er hält tagsüber das gesamte Hotelpersonal in Schach, zu deren ersten Pflichten die Jagd nach diesem bösen, stinkenden Altaffen zählt. Mit langen Stöcken treiben sie ihn von Zinne zu Zinne, bevor er in eines der Zimmer entwischt und mit dem dadurch ausgelösten Ohnmachtsanfall einer Touristin wieder einmal die Existenzgrundlage des Hoteldoktors sichert.

Der an zahme Affen gewöhnte Reisende wird daher vom Personal unermüdlich gewarnt: »This monkey is being dangerous for ten years. Attacking and biting tourists and locals also. We have been putting poison in bananas but he knowing and throwing bananas away.« Also auch Hände weg von herumliegenden Bananen.

Der überall auf der Welt in Hotels inzwischen üblichen schlechten Angewohnheit, besonders der reicheren Klientel, zunächst Handtücher mit Hotelaufdruck, Duschvorhänge und Holzbügel, später auch handgeschmiedete Aschenbecher, Wohnzimmerlampen, Gemälde und bald auch aus dem kompletten Mobiliar Telefone, Statuen und andere Kunstgegenstände mitgehen zu lassen, kam der Besitzer des Neemrana Fort Palace insofern entgegen, als er sowohl im Hotel selbst, wo praktischerweise auch Lacoste-Polohemden zu erstehen sind, als auch in der Hauptstadt Delhi Geschäfte eröffnete, wo die gesamten Einrichtungsgegenstände käuflich zu erwerben sind. Also auch Hände weg von den Hotelzimmern.

Ein Spaziergang durch das in keinem indischen Reiseführer erwähnte Dorf Neemrana führt zu der riesigen Zisterne, die, aus dem kargen Wüstenstein herausgehauen, das Dorf und die darüberliegende Burg einst während des ganzen Jahres mit Wasser versorgen sollte.

Die unzähligen ineinander verschachtelten Treppen und Rundbögen lassen an eine wahlverwandtschaftliche Beziehung des Bauherrn zu dem Populärillusionisten M. C. Escher denken, vor dessen häßlichen Postern in Wohngemeinschaftsküchen vieler Länder Studenten immer wieder die Absurdität ihrer Existenz erfahren. »Gehe ich jetzt gerade aufwärts oder abwärts«, so fragen sie sich jeden Morgen, während sie sich eigentlich auf das Examen vorbereiten sollten.

Kleine Dorfmädchen machen sich einen Sport daraus, die in der Zisterne hinter jeder Ecke zischelnden Vipern mit einem von oben nicht immer zielsicher geworfenen Stein zu töten. Also auch Vorsicht beim Betreten der Zisterne.

NEEMRANA FORT PALACE

301705 Neemrana, Rajasthan, Indien. Tel. 0091-1494-6007

UNITED COFFEE HOUSE

New Delhi, Indien

Was entschädigt einen eigentlich für Delhi? Andernorts haben wir geschrieben, Delhi sei das letzte Loch, es sei unmöglich, dort zu bleiben. Aber nach einiger Überlegung stimmt das natürlich überhaupt nicht.

Unsere Antwort: In Delhi gibt es ein unbezahlbar lustiges Café, an einem großen Platz gelegen, den der ankommende, verwirrte Reisende erst einmal aufsuchen wird, dem Connaught Circle. Hier finden sich neben dem American-Express-Büro, wo man bequem seine Post abholen kann, einige eher trostlose Hotels, der ausgezeichnete Penguin-Book-Shop – der in heute unüblicher Selbstverständlichkeit die in Europa nicht mehr aufgelegten Gesamtausgaben von Truman Capote, Evelyn Waugh, Yukio Mishima und Vladimir Nabokov in preiswerten und hübschen Ausgaben führt – und natürlich auch wenigstens ein Kaffeehaus erster Güte, das hinter einer unscheinbaren Eingangstüre versteckte United.

Kommt man zum Beispiel im Winter aus dem tropischen Südindien, bereitet einen nichts auf das United vor. Hagere, ausgezehrte indische Männer sitzen dort und trinken Espresso, einen Schal um die Schultern gewickelt. Sie tragen Harris-Tweed-Anzüge, in ihren Brusttaschen stecken auslaufende Füllfederhalter, sie lesen die Hindustan Times – die Liberalen unter ihnen lesen die etwas weiter linke Tageszeitung The Hindu –, und im großen und ganzen geht es so zu wie in einem Kaffeehaus in Wien. Außer, daß alles viel, viel dunkler ist. Schon um ein, zwei Uhr nachmittags scheint kein direktes Sonnenlicht mehr durch die ohnehin mit dicken Tüchern verhangenen Fenster, die spärlich mit 15-Watt-Glühbirnen versehenen Kronleuchter erhellen die Szenerie überhaupt nicht, und Kerzen, wie jeder Kaffeehausbesucher weiß, wären zu bohemien.

Die schlurfenden Kellner, ein jeder im schwarzen Frack, bringen einem erst nach zwanzig bis dreißig Minuten die Menükarte, und hat man dann einmal bestellt, erreicht der widerwillig servierte Espresso erst nach einer weiteren halben Stunde die begehrten und daher stets besetzten vier Ecktische. Der etwas ernstere Kaffeetrinker wird ohnehin keinen Espresso bestellen, sondern starken, heißen Bohnenkaffee, der hier in Bunsenbrennergläsern der Firma Glashütte serviert wird.

Der »grilled cheese and tomato toast« ist zwar gut, die Erleuchtung aber sind die ungetoasteten Käsetoasts. Der Rand ist vorschriftsmäßig abgeschnitten, der Käse halbweich und das Weißbrot von einer ausgezeichneten, nun, Weichheit, so daß es eine Freude ist, hineinzubeißen, darauf herumzukauen und an die Lonely-Planet-haltenden Traveller zu denken, die sich nebenan im Wimpy ihren Hammelburger hineinzwängen, weil im Lonely Planet steht, das United wäre zu dunkel, zu unfreundlich und zu teuer, und man solle doch lieber gleich ins Wimpy gehen.

Sei's drum. Das United wird sich zum Glück nie ändern. Selbst aus den Lautsprechern erklingt tagtäglich ein und dasselbe

Stück: »Wherever I lay my hat« von Paul Young. Auf die Frage an den makellos gekleideten Chef de maison, warum dieses Stück jeden Tag immer wieder zurückgespult wird, antwortet er grinsend: »It is repeating Cassette. And I am liking.« Wunderbar.

UNITED COFFEE HOUSE

15-E Connaught Place, New Delhi, Indien. Tel. 0091-11-3322-075

ZUM BIERBICHLER

Starnberger See, Deutschland

Bei der Kfz-Zulassungsstelle Starnberg findet der Schaulustige ein Phänomen vor, das sonst nur aus Bad Segeberg bekannt ist: die Hysterie bei der Buchstabenvergabe. Ist es in der norddeutschen Karl-May-Festspielstadt de rigueur, sich hinter die Ortskennung »SE« den Buchstaben »X« setzen zu lassen, so teilt sich die motorisierte Gesellschaft im bayerischen Sommerfrischlerort in zwei verfeindete Lager. Das Autokennzeichen ist der Spielplatz dieses subtil ausgefochtenen Generationenkonflikts.

War es in den sechziger und achtziger Jahren üblich, sich hinter die drei Starnberger »STA« ein schlichtes »R« auf dem Jaguar E-Type oder der 850er BMW-Maschine zu sichern, gilt es beim verzogenen Nachwuchs als schick, sich auf seinen verwarzten 72er-Targa ein »SI« einzukaufen. So zählen die Angestellten der Kfz-Behörden beider Städte zu den höchstgeschmierten Beamten Deutschlands.

Und nur so können auch sie sich den Aufenthalt im schönsten Biergarten der Bundesrepublik leisten. Dort, da unten am See, zeigt sich der Himmel an ausgewählten Tagen, wie es die Rauten auf den Landesgrenzschildern mit der Aufschrift »Freistaat« versprechen: runde weiße Wattebollen vor tiefenscharfem Azur.

Ein langer Holzsteg führt aufs Wasser, wo man in der Sonne liegend seinen Schweinebraten mit Semmelknödeln verdauen kann. Oft halten hier die Münchner Literaten und Journalisten Rainald Goetz, Maxim Biller, Thomas Meinecke, Michael Althen, Moritz von Uslar, Joachim Bessing und Claudius Seidl Einzug und demonstrieren biertrinkend ihre Anwesenheit. Der »Vorort«, wie ihn die Unverbesserlichen unter den Gschpusis nennen, ist natürlich prinzipiell unerträglich.

Um so dankbarer nimmt man eine Einladung des direkt neben dem Bierbichler wohnenden bizarren Schriftstellers und Feinschmeckers Tilman Spengler an und läßt sich auf der Veranda einen seiner Birnenschnäpse einschenken. Einigermaßen angeheitert fragten wir uns dort, was denn nun die Geschichte des Bierbichlers sei.

Als einer der Anwesenden, ein älterer, korrekt gekleideter Herr mit kurz geschnittenem Oberlippenbart, unsere Ratlosigkeit bemerkte, nahm er uns beiseite, blickte uns, den Kopf beugend, von unten über den Rand seiner Lesebrille an und dozierte leise mit erhobenem Zeigefinger wie folgt:

»Das Rätsel und auch seine Lösung liegen im Namen des Lokals. Vielleicht haben auch Sie sich gefragt, warum auf den Streichholzbriefchen Gasthaus zum Fischmeister steht und nicht, wie sonst überall, Bierbichler. Nun, ich will es ihnen erklären: Als an einem lauen Sommerabend der Münchener Troß einer großen Party wegen früher als sonst heimwärts aufgebrochen war, blieben nur wenige Gäste übrig. Der Wirt blickte ermüdet und seltsam angetrunken über die leeren Tische seines Biergartens. Ein letztes Paar saß dort noch, etwas näher zum Wasser hin. Sie boten, bemerkte der Wirt, ein seltsames Bild.

Der Mann trug einen weißen Leinenanzug und robbte auf

dem Kies mit an den Körper gelegten Armen um den Tisch seiner Frau herum. Ab und zu klatschte er über seinem Rücken die Hände zusammen. Sie saß scheinbar unbeteiligt in einem enganliegenden roten Sommerkleid da und schaute über ihren keuchenden und nach Luft schnappenden Begleiter hinweg auf den dunklen See hinaus.

Als der Wirt näher kam – das Licht wurde auch immer schwächer –, erkannte er den Lübecker Großschriftsteller nicht gleich. Auch bemerkte er erst jetzt die kurze Angel in der rechten Hand der Frau. Scheinbar geistesabwesend murmelte sie: ›Wer ist der Fischmeister, na, wer ist denn hier der Fischmeister?‹

Da dem Wirt die Sache mulmig wurde, verzog er sich wieder und ging hinein in die Wirtschaft. Als er wenig später, nachdem die ganzen Gläser des Nachmittags gespült waren und er keinen Grund mehr fand, das Aufräumen des Gartens zu verschieben, wieder hinausging, war niemand mehr zu sehen. Auch das letzte Abendlicht war verschwunden.

Und sehen Sie, am Tag darauf kam dem Wirt das Ganze wie ein Traum vor. Das Wort Fischmeister aber ging ihm nicht mehr aus dem Kopf. So wollte er seinen Laden von nun an nennen.«

Der ältere Herr rückte seine Brille zurecht, räusperte sich erneut und stand auf. Dann verbeugte er sich kompliziert und ging recht steif in Spenglers Haus hinein, die Asche seiner erkalteten Zigarre am Türrahmen abstreifend. Als wir nach dem nächsten Birnenschnaps Herrn Spengler nach dem Namen des älteren Herrn fragten, gab er die Frage zurück: »Wie, ich dachte, der wäre mit Ihnen gekommen?«

GASTHAUS ZUM FISCHMEISTER

Seeuferstraße 31, 82541 Ambach, Deutschland. Tel. 0049-8177-533

THE HOTEL
Isle of Colonsay, England

Die moderne Fähre ab Oban braucht für die stürmische Überfahrt immer noch 2 1/4 Stunden. Und zwar kann montags, mittwochs und freitags jeweils ab zehn Uhr früh eine Fahrkarte gelöst werden. Der Betreiber des Fährservice, Caledonian MacBrayne, nimmt für die Reise den verdächtig niedrigen Preis von zirka acht Pfund.

Daß neben dem deftigen Bordessen lediglich die Bordbar so früh schon geöffnet hat, bestätigt sowohl die schwere Verdaulichkeit des schottischen Nationalgerichtes Haggis – Schafsdarm mit Hirn und Innereien gefüllt – als auch die schwere Trunksucht der Männer und Frauen dieser Gegend. Nur im Sommer ist es möglich, direkt aus dem durch Paul und Linda McCartneys Schottenstück bekannten »Mull of Kintyre« nach Colonsay überzusetzen.

Colonsay ist einzigartig unter den Inseln der Inneren Hebriden. Die Fauna und Flora dieses Eilandes wird durch wucherndes Heidekraut, Seehunde, Otter, Raubvögel, Wildziegen und Kornkracher bereichert. All dies findet man aber auch überall sonst auf den Hebriden. Nirgendwo sonst jedoch wird die leicht säuerlich schmeckende Milch der stark behaarten und struppigen Wildziegen zusammen mit den auf der Heide wachsenden blau-rötlichen Bickbeeren von den wenigen Bewohnern im langen und rauhen Winter zu einem köstlich schmeckenden, eben nur auf Colonsay erhältlichen Ziegenbeerenkompott verarbeitet.

Diese Ziegen, so erzählen es die Einwohner, sind die letzten Nachkommen einer Ladung Ziegen, die sich von einem im Jahre 1588 vor der Insel gesunkenen Schiff der spanischen Armada unter italienischem Kapitän auf das karge, bis dahin von Tieren wenig bevölkerte Eiland retten konnten.

Bei unserem letzten Besuch, es war gerade November, und ein heftiger Nordwestwind versprach am Abend den ersten Schnee des Jahres über die Insel zu bringen, landeten wir mit kleinem Gepäck am Pier von Scalasaig. Da wir nicht telefonisch avisiert hatten, stellten wir das Gepäck im Post-Office unter, nahmen am Hafen in einem winzigen Pub jeder einen doppelten Single-Malt und wanderten – so gestärkt – westwärts, in lange Tweedmäntel gehüllt, mit dem Vorsatz, das Leuchtfeuer von Du Hirteach anzuschauen. Es ist das letzte menschliche Bauwerk im atlantischen Ozean vor Kanada.

Leider nahm der kalte Wind zu, kaum daß wir die Westküste und den dort gelegenen, stark in Vergessenheit geratenen Golfplatz erreicht hatten. Als dann die ersten schweren Flocken aus dem dunkelgrauen Abendhimmel fielen, erinnerten wir uns, daß wir unsere Schafswollschals in den Reisetaschen in der Post, drüben auf der anderen Seite, gelassen hatten.

Der Schneefall nahm zu, es wurde plötzlich eiskalt, und nicht einmal das direkt vor der Küste gelegene Inselchen Eilean Dubh war mehr zu erkennen. Uns fror.

Auf dem Rückweg, es war inzwischen dunkel geworden, hielten wir vergeblich Ausschau nach zwei gelben Autoscheinwerfern, die eine Mitfahrgelegenheit verheißen könnten. Statt dessen näherte sich langsam ein einzelnes, müde flackerndes Lichtchen. Es war ein alter Mann auf einem Fahrrad, der eine tief ins Gesicht gezogene Schiebermütze und Knickerbocker trug. Als er uns erreichte, hustete er leise und machte ein schnalzendes, abwertendes Geräusch mit der Zunge. Als wir ihn nach dem Weg zum Hotel fragen wollten, bleckte er die Zähne, und wir sahen in ein unglaublich gelbes, verformtes Gebiß. Dann fuhr er weiter, ohne sich noch einmal umzudrehen.

Nach einigen Stunden fanden wir das Hotel. Es lag gar nicht weit von dem Postgebäude entfernt, gegenüber der Kirche. Wir klopften an die Tür der Post, erhielten unser Gepäck zurück und stapften durch den Schnee hinauf zum Hotel. Es war nun sehr kalt. Das Hotel war geschlossen.

THE HOTEL

Isle of Colonsay, Argyll, PA 61 7YP, England. Tel. 0044-11951-20316

SUNSHINE GUEST HOUSE

Manali, Indien

Bier ist in Manali leider ungenießbar. Es wird auf schreddeligen Lastwagen durch ausgetrocknete Flußbetten und über gewundene Paßstraßen auf 2100 Meter Höhe gefahren und verliert durch die Schüttelei seinen Geschmack. Die Inder versuchten darauf, die Spritzigkeit des Bieres durch Zugabe von Glycerin wiederherzustellen, was dem Bier einen Mottenkugelnachgeschmack verlieh. Aber glücklicherweise muß man in Manali auch kein Bier trinken. Es gibt nämlich hier den besten Apfelsaft Asiens. Und das kam so:

Ungefähr im Jahre 1860 marschierte der britische, aus Irland stammende Soldat Captain Bannon in das Bergtal von Manali. In seinem Tornister befanden sich neben dem üblichen soldatischen Krimskrams säuberlich eingewickelte, mit handbeschriebenen Namensschildern versehene Säckchen Apfelsamen. Darunter waren so erlesene und heute noch beliebte Sorten wie Granny Smith, Cox Orange und Golden Delicious. Captain Bannon gefiel es hier so gut, daß er sich kurzerhand hier niederließ, Apfelbäume anpflanzte und eine schöne Frau aus dem Bergtal heiratete.

Der Apfelzauber ist bis heute erhalten, und der Geist des Captains lebt in seinen vielen Kindern, Enkeln und Urenkeln nach.

Sein Sohn, Major H. M. Bannon, baute sich und seiner Familie im Jahr 1928 ein schönes, an mittelenglische Holzhäuser erinnerndes Chalet, das heute vom Urenkel des Apfelfreundes geführt wird, von Mr. Dharamchand Thakur.

Der Besucher wähnt sich, sitzt er mit einem Glas kühlem Apfelsaft auf der hölzernen Veranda im ersten Stock, mitten in der Schweiz. Dunkle Fichtenwälder wachsen die steilen Hänge hinauf und umrahmen den Garten. Wilde Rosen, bunte Wiesenblumen, ein kleiner Gemüsegarten und natürlich die Apfelbäume bieten seltenen Singvögeln ein Zuhause, die man mit einem im Guest House geliehenen Feldstecher beobachten kann.

Die alpinistische, etwas biedere Strenge dieser Pension hält dann auch die furchtbaren, meist aus Israel stammenden Traveller ab, die, man muß es leider erwähnen, von Frühjahr bis Herbst Manali überschwemmen, um von dem hier überall wachsenden Haschisch zu kosten. Den ganzen Tag rattern sie auf Enfield-Motorrädern die Old Manali Road auf und ab, einen stinkenden Joint im Mund, die Dreadlocks vom Fahrtwind in ihren unzähligen Piercing-Ringen verheddert.

Zum Glück fahren sie alle Mitte Oktober hinunter nach Goa, dann schneit es in Manali. Ruhe kehrt wieder ein, und eine weiche Schneedecke überzieht das hochgelegene Tal. Dann, im Winter, so Mr. Dharamchand Thakur, kommen die Russen ins Sunshine Guest House, zünden die offenen Kamine in den geräumigen Zimmern an, trinken starken Tee mit Yakbutter und brummen mehrstimmig traurige Volkslieder.

SUNSHINE GUEST HOUSE

Old Manali Road, Manali, Himachal Pradesh, Indien. Tel. 0091-01902-5230

WOODVILLE PALACE HOTEL
Shimla, Indien

Shimla ist ein kleines klimatisches Wunder. Unglaublich hoch gelegen, wandert der Besucher auf der für Autos und Motorroller gesperrten Hauptstraße mal durch Nebelschwaden, dann durch von Latschenkiefern portionierte Abschnitte grellen Sonnenscheins, und plötzlich wieder durch Wolkenschichten und Nieselregen. Die Luft hier oben ist so dünn, daß das Spazieren extrem anstrengt: Kaum hat man zwanzig Schritte getan, ist einem erst einmal schwindlig, dann fröstelt man, ist auf einmal wieder schweißbedeckt, und kaum ist das ausgestanden, ist einem schon wieder schwindlig.

Die aus Rudyard Kiplings Erzählungen bestens bekannte Hauptstraße, die Mall, erinnert architektonisch an Cambridge oder an die schöneren Ecken Neuenglands. Auf der Mall flanierten damals die englischen Ladies bis zum Scandal Point, dort drehten sie um und liefen dann die Mall wieder hinab. Indern war es indes nicht erlaubt, die Mall zu betreten, es sei denn, sie waren Rikscha-Coolies. Heute, in demokratischeren Zeiten, haben die Gesichter der Vorbeischlendernden noch immer etwas universitär Pompöses.

So auch der seltsam rachitische Fotograf Mr. Bindra. Er hat sie alle vor seiner Yashica-Großbildkamera gehabt: verwachsene, zaudernde Offiziere, ihre rotwangigen Frauen und deren blonde, pausbäckige Töchter in ihren weißgestärkten Volantkleidchen. Mr. Bindra selbst trägt nur braun, seine Haare sind nachlässig lang und in den Nacken geölt, und seine Füße stecken in alten, ungepflegten Sandalen. Trotzdem ist er ein Meister seines Fachs. Seine weichen Fotos, die Falten wegzaubern und die durch Inzucht bedingten körperlichen Mißbildungen durch geschickten Bildausschnitt und raffinierte Beleuchtung verschwinden lassen, haben ihn in die Gunst der Maharadjas von Jubbals, der Herrscherfamilie von Shimla, gebracht.

Überall an den Wänden des Woodville Palace Hotels – dies ist natürlich nicht nur ein Hotel, sondern auch gleichzeitig immer noch Stammsitz der Jubbals – hängen seine Aufnahmen, gleich neben Robert Taylor, Maurice Chevalier, Umberto von Italien und anderen internationalen B-Ligisten, die ihrerseits ihre Fotos dem Jubbal-Clan schriftlich anempfohlen haben. Ob sie jemals wirklich hier waren, weiß man nicht, jedoch eins ist hundertprozentig sicher: Clark Gable, Greta Garbo und Königin Victoria, deren unsignierte Portraits den mit Burma-Teak getäfelten Hotelaufgang zieren, waren nie hier.

Maurice Chevalier, wenn er denn nun hier war, hat außer seiner fragwürdigen filmischen Hinterlassenschaft und seinen nur wenigen Menschen erträglichen musikalischen Banalitäten ein Gutes für dieses Haus getan. Er muß dem Barmann des Woodville Palace gezeigt haben, wie man die perfekte Bloody Mary zubereitet.

Auch der berühmte indische Guru Shri Satya Sai Baba wohnte in den siebziger Jahren im Woodville Palace, und während seine zu Hunderten angereisten westlichen Jünger im Garten des Palastes staunten, wie seine Heiligkeit erneut eine Seiko- oder Citizen-Digitaluhr aus dem Nichts materialisierte, raufte sich der etwas abseits stehende Hausgärtner die Haare, denn der jahrzehntelang liebevoll gepflegte, kurzgeschorene englische Rasen war dahin, plattgesessen und zerwuselt.

WOODVILLE PALACE HOTEL

Raj Bhawan Rd, Shimla, Himachal Pradesh, Indien.
Tel. 0091-0177-223 919, Fax 0091-0177-223 098

PENSÃO ALEGRE

Luso, Portugal

Man unterschätze die Heilbäder nicht! Waren Kurorte aller Art durch den Erholungswahn deutscher Arbeitnehmer seit den siebziger Jahren, und eigentlich schon seit Hermann Hesses Gemütlichkeitsklassiker ›Der Kurgast‹, in jeder Hinsicht eine verpönte Institution, so gilt heute vielmehr das Gegenteil.

Seit die Subventionen für Kuren zusammengestrichen wurden und die vielen Bad Vilbels der Welt sich auf die Suche nach neuer Kundschaft begeben haben, ist man auch als adoleszenter Reisender ein in den traditionellen Kurorten gerne gesehener Gast. Das gilt für das durch Dostojewski und Tschechow berühmt gewordene Baden-Baden ebenso wie für alle anderen Sanatorienorte.

Und hätte José Maria Eça de Queiroz, Verfasser von ›Os Maias‹, den portugiesischen ›Buddenbrooks‹, auch den portugiesischen ›Zauberberg‹ geschrieben, er hätte seinen Helden, soviel ist sicher, nach Luso in die Hügel in der Nähe Coimbras geschickt.

Bereits die Fahrt dorthin ist anmutig. Einmal von der Bundesstraße Coimbra-Porto abgebogen, steigt der Weg sanft in großen geschwungenen Kurven durch Wälder hinauf nach Luso. Das in eine Bergkurve geschickt eingepaßte kleine berühmte Wasserparadies ist der Herkunftsort des schlicht ebenfalls »Luso« betitelten

Selters. Die Portugiesen fahren mit leeren Kanistern zum Teil über hundert Kilometer weit, um sich mit einem ordentlichen Vorrat des heilsamen Getränks einzudecken. Um den Brunnen am zentralen Marktplatz scharen sich Großfamilien, Rentner und Zigeuner, die am Heilvorgang teilnehmen wollen. In Zeiten großer Hitze gibt es lange Schlangen. Blickt man vom Brunnen auf, hoch, in Richtung des Nationalparks von Buçaco, sieht man als Krönung der Giebellandschaft die dunkelrosafarbene Pension Alegre.

Betritt man den Empfangsraum, so wird deutlich: Die portugiesische Vorstellung vom neunzehnten Jahrhundert ist hier vollkommen faßbar; Landschaftsstiche, üppige Blumentöpfe und antike Büsten säumen das Holztreppenhaus, dessen ausgetretener Läufer auch bei vorsichtigem Auftreten gerne einmal verrutscht. Zur linken Hand der Salon, wo bereits morgens um zehn alte portugiesische Mütterchen in schwarzen Kleidern mit Zigarettenspitzen im Mund eine Partie Bridge aufspielen. Im Garten hinter dem Haus dann der täglich gereinigte und von Gärtner João liebevoll gepflegte Pool, der besonders nach Durchschreiten des taubenetzten grünen Rasens zum ungestörten Morgenbad einlädt.

Die Zimmer selbst sind eine weitere Wohltat: keine schrillen Töne, einfache Antiquitäten und wie mit dem Lineal über das Bett gezogene weiße Leinenwäsche. Besonders das Giebelzimmer ist wegen der Aussicht über den Ort bis hin zum dunstig-verschleierten Atlantik hinter der Ebene zu empfehlen.

Schade ist eigentlich nur, daß im ganzen Dorf ausschließlich alte Frauen zu sehen sind. Als wir die mit einem blauen Plastikhaarschutz und Schürze bekleidete alte Köchin der Pension nach dem Grund hierfür fragten, riet sie uns: »Fahren Sie hinauf in das Schloßhotel, dort gibt ihnen der Oberkellner, dem die zwei Vorderzähne fehlen, beim Diner Antwort.«

Also legten wir Abendgarderobe an, fuhren in den Wald hinauf, erst durch die steinerne Pforte und dann in unzähligen Haarnadelkurven bis zu dem alten Königspalast, dessen ausufernde und verschlungene Neo-Manuelismusarchitektur aus dem nächtlichen Nebel auftauchte. Wir saßen auf einer Art Turmterrasse – umgeben von sichtbar wohlhabenden Amerikanern und Franzosen – und sahen uns vorsichtig um, weil uns kein Gebiß näher aufgefallen war.

Als schließlich der Sommelier an den Tisch trat, um uns einen 89er Buçaco, einen nur hier gekelterten Wein, der noch heute mit Hilfe nackter Winzerfüße hergestellt wird, zu empfehlen, sahen wir es: das riesige rechteckige schwarze Loch unter der Oberlippe. Lächelnd lispelte er in charmant holprigem Französisch: »Ce vin, il est merveilleux!«

Nachdem der ausgezeichnete Rotwein entkorkt war und wir bereits gekostet hatten, stellten wir ihm die Frauenfrage. Die Antwort war wie folgt: Bei dem Zahnlosen handelte es sich um den letzten Sproß einer verbotenen Sippe. Der Abt der Mönche, die einst den Berg bewohnten und dort die vielfältigste Pflanzung verschiedener Baumsorten aus aller Welt umsorgten, hatte es sämtlichen Frauen der Umgebung bei Todesstrafe untersagt, die Grenze des Mönchswaldes zu überschreiten. Natürlich gab es immer schwarze Schafe, die das Abenteuer suchten und, wahrscheinlich direkt neben einem Affenbrotbaum, auch fanden.

Heute sind die männlichen Bewohner der Stadt im Hotel beschäftigt, und die Frauen haben viel Freizeit.

PENSÃO ALEGRE

Avenida Emídio Navarro, Luso, Portugal. Tel. 0351-31- 930256

RESIDENCIAL REAL
Praia das Maçãs, Portugal

Wer eigentlich ist jemals auf die dumme Idee gekommen, historisch gewachsene Ortschaften müßten den Charme ihrer Jahre entweder auf immer behalten oder unbedingt zurückgewinnen? Die Atlantikküste nordwestlich Lissabons ist ein gutes Beispiel dafür, daß es auch anders geht.

In den Jet-Set-Diktatorenjahren mit General Salazar an der Spitze war Praia das Maçãs das Nobelseebad schlechthin. Der Wochenendtroß schob sich aus der Stadt kommend zunächst bis Sintra hinauf, um dann mit der legendären Strandtrambahn in die Casino-Meile hinunterzukurven. Der absolute Verfall der Ortschaft mitsamt der Vernichtung selbst der Trambahngeleise seit der Nelkenrevolution 1974 läßt dumme Wehmutstouristen immer wieder an der Welt verzweifeln.

Dabei gibt es nichts Wunderbareres als diese abgerockte Strandbucht, die nicht viel mehr als ein Frühstückskarree um einen Parkplatz herum geblieben ist. Die Plastikstühle vor den wenigen Cafés sind unbequem, die Produkte in dem einzigen Winzigsupermarkt haben das Verfallsdatum längst überschritten, und das einzig akzeptable Fischrestaurant am Strand ist ziemlich kostspielig. Es ist das in Hummerrot eingerichtete und etwas halbseidene »Neptuno«, in dem Senhor Fernando einen guten Backfisch auf Tomatenreis serviert.

Morgens ist die von Seenebeln regelmäßig heimgesuchte Meeresbucht rauh, kühl und herrlich einsam. Mittags, wenn die Sonne durchbricht, wird es in Sekundenschnelle brennend heiß, und ein paar Ausflügler sammeln sich zum Volleyball um den Original-Siebziger-Nivea-Bademeisterballon, wo die jetzt abgefetzten Wimpel einst Badeverbot bedeuteten. Dann ist es Zeit für den in der jüngeren Generation zu Unrecht in Verruf geratenen Mittagsschlaf.

Der Wunsch nach Ruhe führt auch schnurstracks in das sicher unscheinbarste Domizil, in die »Residencial Real«. Von außen nur durch ein verrostetes Schild zu erkennen, ist es aber die einzige Pension, die in einem weiß getünchten Atlantik-Altbau direkt über dem Strand untergebracht ist. Der Gast muß zunächst die Geruchsmutprobe bestehen, will er eines der am Steinbalkon gelegenen Zimmer mit Blick aufs Meer hinaus ergattern. Der üble Fischgestank, der auf konzentrierte Lagerung verdorbenen Stockfischs, dem als Bacalhau bekannten Nationalgericht der Portugiesen, schließen läßt, ist aber lediglich der im zugluftarmen Treppenhaus stehengebliebene Seenebel. Hat man dies einmal erkannt, wird man die Pension sofort ins Herz schließen.

Die karg möblierten Zimmer mit dunklen Holzbetten sind reinlich, die Zeitschriften im Fernsehsalon im Erdgeschoß sind französische und spanische Boulevardillustrierte der Mittachtziger mit Madonna und Annie Lennox auf dem Titelbild. Und nirgendwo an der ganzen Küste läßt sich nach der Siesta ein 1987er Niepoort-Vintage-Portwein als Sundowner besser genießen, während die anbrandende Gischt immer höher an die Kaimauern schäumt.

In diese monotone Melodie mischt sich Lloyd Coles verschnupfte Waverstimme aus der Zeit des ›Rattlesnakes‹-Albums. Sie dringt aus einem Autoradio, aus einem geparkten Peugeot 106, dessen Farbe wohl Braun ist.

RESIDENCIAL REAL

Praia das Maçãs, 2710 Sintra, Portugal. Tel. 0053-1-9292002

FRÁGIL
Lissabon, Portugal

Es gehört zur Eigenart der menschlichen Gedächtnistauglichkeit, der zerbrechlichen memorabilia, daß gerade die Orte, an denen man besonders glücklich war, sich im nachhinein um so schneller der Beschreibbarkeit entziehen. So schwankt auch beim Versuch, das Frágil zu rekonstruieren, der Bildsinn beträchtlich: Waren es glitzernde Aluminiumlamellen, die von der hohen Decke der Tanzfläche herunterhingen, oder war es nur ein Lichteffekt des in Rot und Blau pulsierenden Barraumes? Kam der DJ über eine Treppe zu seiner Kanzel links über der Theke, oder gab es überhaupt eine Verbindung von da oben her?

Vielleicht ist die Dringlichkeit der Beantwortung dieser Fragen auch nur ein Trick des Unterbewußtseins, uns immer wieder in diese beste aller Discotheken Lissabons hinzulocken, ins Frágil.

Müßig ist die quälende Suche nach dem richtigen Nachtleben der Stadt, die man gerade besucht. Immer wieder zieht man die ewiggleichen dumpfen Reiseführer aus der Tasche, um meistens festzustellen, daß entweder der Club de rigueur noch im Herbst des Erscheinungsjahres geschlossen, sich gar in eine Studentenfalle verwandelt hat, wo Touristinnen barfuß zu Santana tanzen oder gepiercte Monster das Ganze in eine dieser in jeder Urlaubsregion aus dem Boden schießenden 72 Stunden-Nonstop-Rave-Höhlen verwandelt haben.

Anders das Frágil. Seit Jahren ist man hier unauffällig auf der musikalischen Höhe der Zeit, so daß bei unserem letzten Besuch die House-Musik sich zwischen schneller Retro-Disco und Drum n' Bass bewegte. Auch die Glitterazzi sind dem Laden treu geblieben, so daß der Geschäftsführer ganz in Schwarz noch immer hastig von Stammgast zu Stammgast huscht, während seine angezündeten Zigaretten nahezu ungeraucht in der rechten Hand verglimmen.

Und auch nehmen noch immer die absurdesten Geschichten stets in dieser Discothek, deren Einrichtung in den Mittachtzigern stehengeblieben ist, ihren Anfang. Im letzten Herbst beispielsweise lud uns ein Deutscher, den wir dort trafen, auf einen Absacker in seine Quinta am Cabo da Roca, dem westlichsten Punkt Europas, ein, nachdem wir mit ihm unzählige Gin-Tonics vertilgt hatten. In seinem nagelneuen schwarzen Audi A8 mit Ledersitzen kurvten wir in rasendem Tempo schwer betrunken die Höhenstraße über Sintra entlang. Die Dämmerung setzte gerade ein, als wir in den Schotterweg zum Haus einbogen.

Als wir ausstiegen, sagte er kurz: »Ich bin müde, da unten ist das Kap, schaut es euch an, ich muß jetzt schlafen. Schönen Tag.« Die Pforte schloß sich automatisch. Von der Küste ein schweres Rauschen. Seenebel. Den Deutschen sahen wir nie wieder. Aber das ist Disco.

FRÁGIL

Rua da Atalaia, Lissabon, Portugal. Tel. 0351-1-34695 78

BABY BEEF
Salvador da Bahia, Brasilien

Es war wieder einmal Weihnachten, und so gingen wir, um der unglaublichen Hitze zu entkommen, in das größte Einkaufszentrum Salvador da Bahias. Dort standen in dem lichtdurchfluteten Atrium einige junge, braungebrannte Verkaufshostessen, die sich – dem weihnachtlichen Anlaß entsprechend – Nikolaushüte übergestülpt hatten, dazu sehr knappe rote, mit weihnachtlichem Fell umrandete Bikinis trugen und Handzettel verteilten.

Das Atrium war in eine Schneelandschaft aus Watte und künstlichen Tannenbäumen verwandelt, und ein üppig dekorierter Schlitten diente als Kulisse für einen hustenden Sofortbildfotografen, der krächzend, aber gut gelaunt »Jingle Bells« sang und dazu seine Polaroidkamera in die Menge hielt und scheinbar grund- und motivlos abdrückte. Wir sahen uns noch eine Weile um und verspürten plötzlich mächtig Appetit auf Fleisch.

Da es nicht in Argentinien, wie weitläufig propagiert wird, sondern in Brasilien das beste Rindfleisch der Welt gibt, schlenderten wir in den direkt neben der Mall gelegenen Flachbau, der den etwas obszönen Restaurantnamen »Baby Beef« trug. Während wir über den langen Teppich auf das Restaurant zugingen, öffnete sich wie von selbst die schwere braungetönte Glastür, und erst als etwa aus Kniehöhe »Bom Dia« ertönte und wir nach unten sahen, bemerkten wir den kleinen Mann, der uns aus seinem unglaublich alten Gesicht, welches vollkommen halslos in einen nachtblauen Smoking überging, anlächelte.

Unsere Augen – man muß es hinzufügen – hatten einige Schwierigkeiten, sich nach der grellen brasilianischen Sonne an das braune Dunkel des Flughafenlobby-ähnlichen Raumes zu gewöhnen, und dann mußte auch noch ein sechs Meter langes Aquarium umschifft werden, das etwas umständlich den Eingang vom Eßbereich teilte. Auch ein paar nachlässig versorgte Hummer, deren Scheren mit rosafarbenen Mickymaus-Haargummis behelfsmäßig zusammengebunden waren, krabbelten unfroh durch das Brackwasser. Wir waren überfordert.

Schnell und unkompliziert wurde uns jedoch ein hervorragender Tisch zugeteilt, mit Ausblick auf den großangelegten Parkplatz des Gebäudes, auf dem vorwiegend bunte VW-Käfer geparkt waren. So auch, wie wir jetzt sahen, unser Mietwagen, ein limettengrüner Käfer, Baujahr 1985.

Wir hatten uns vor unserem Aufenthalt in Salvador da Bahia einen kleinen Vorrat an Kassetten aus dieser Zeit aufgenommen. So zum Beispiel die nach sechzehn Jahren immer noch über jeden Zweifel erhabene Scritti Politti »Cupid & Psyche 85« und die etwas ältere, aber immer noch hörenswerte Duran Duran »Rio«. Diese lagen im abgeschlossenen Handschuhfach unseres abgeschlossenen VW-Käfers.

Doch zurück zum Lokal: Wir setzten uns also an den Tisch, den riesigen Parkplatz im Augenwinkel, und der Unterkellner servierte uns sofort einen Korb mit dampfenden, köstlichen Brötchen, deren Teig mit lange Fäden ziehendem Käse angereichert war. Wir aßen sofort alle Brötchen auf. Es gab ständig unbegrenzten Nachschub.

Wir bestellten dann Brahma, das ausgezeichnete örtliche Bier –

dessen indisch tönender Name von einer eher profanen deutschen Abkürzung herrührt: Brauerei Maier –, und dann bestellten wir natürlich Filet Mignon. Mehrere Hochleistungsklimaanlagen wirbelten eiskalte Luft durch das Lokal.

Das Rindfleisch, weswegen wir schließlich dieses Lokal aufsuchten, obwohl wir es eher zufällig entdeckt hatten, war in ziegelsteindicke Scheiben geschnitten, der äußere Rand war kroß und knusprig, und meinten wir noch eingangs, das bereitgelegte scharfe Steakmesser sei dringend nötig, um den Fleischturm anzuschneiden, merkten wir doch beim Anschnitt, daß das Messer ungehindert durch das gleichmäßig wie von Zauberhand durchgebratene Steak glitt wie – hier muß leider ein Klischee bemüht werden – ein heißer Degen durch einen Klumpen Butter.

Der Geschmack ließ erst einmal vermuten, daß das Rindfleisch vor dem Anbraten mindestens zehn bis zwölf Stunden mariniert worden war. Mit dem zweiten Biß dann stellte sich dieser Verdacht als Chimäre heraus; das Filet war nur leicht in einer Marinade gewendet und dann, unter Zugabe von dicken schwarzen Pfefferkörnern, erst zum Schmoren in einen sehr heißen Ofen gelegt und danach kurz in eine Pfanne geworfen worden, in der ein kleiner Klacks Palmöl brutzelte. Dieser Vorgang versiegelt das Fleisch, riegelt es quasi von innen nach außen ab und läßt so den einzigartigen Geschmack entstehen. Möglicherweise – so diskutierten wir beim Essen mit vollem Munde – geschieht dieser Vorgang auch anders herum.

Die nach den Bieren bestellten Caipirinhas zersetzten die ersten im Magen angekommenen Fleischbatzen, der ausstehende Proteinschock ließ sich dadurch erst einmal abwenden und räumte – parkplatzähnlich – weitere Kapazitäten frei. Wir aßen jeder etwa vier Pfund Rindfleisch.

Am Schluß des Essens wurde von dem halslosen alten Mann ein Käsewägelchen an unseren Tisch gefahren. Wir kosteten von sechs verschiedenen Sorten, darunter »Tipo Mussarella«, »Tipo Tilsitsch« und »Tipo Appensellsch«. Die Käsesorten schmeckten alle genau gleich.

Nachdem wir gezahlt hatten, wurde uns ungefragt ein Doggie-Bag mit den zurückgebliebenen Fleischbergen, den Brötchen und den Käsestückchen in die Hand gedrückt. Die brasilianische Großfamilie vom Nebentisch, die vor uns das Lokal verließ, erklärte uns Sinn und Zweck dieser Sitte: Das bestellte, aber nicht aufgegessene Gericht ist für die Armen vor der Tür. Wir sahen in die Papiertüte, und tatsächlich, alle Gerichte waren fein säuberlich und separat in Alufolie eingewickelt.

Wir verließen das Lokal, durchliefen das weihnachtliche Einkaufszentrum, marschierten zu unserem Leihwagen und legten die Tüte mit dem übriggebliebenen Essen ins Handschuhfach.

Wochen später, bei einer Fahrt mit unserem VW-Käfer ins benachbarte Uruguay – wir hatten die Tüte schon längst vergessen – öffneten wir das Fach und suchten unsere mitgebrachten Kassetten. Sie waren alle verschwunden. Übriggeblieben war nur ein schon stark kompostierter breiiger Matsch, in Alufolie gewickelt.

BABY BEEF

Paes Mendoça, Barra, Salvador da Bahia, Brasilien. Tel. 0055-71-244 0811

MS SILVIA ANA

Hirtshals-Kristiansand

Das Meer lag still in der Jammerbucht. Angeregt durch die Lektüre der Aufzeichnungen Hans Henny Jahnns, dem gerne immer wieder vergessenen Schöpfer des Paradoxklassikers ›Fluß ohne Ufer‹, wollten wir Norwegen sehen.

Den schnellsten Weg per Autofähre über das vielgefürchtete Skaggerak wählend, stand unser mindestens ebenso furchtbarer Leihwagen, ein roter Opel Vectra, freitags in der langen Nachmittagsschlange, die vorwiegend aus norwegischen Urlaubern und dänischen Wochenendausflüglern bestand.

Bereits zu Beginn der Verladung gab es die erste Enttäuschung: Die warme Sonne wurde schwächer, denn hohe Wolken verschleierten den Himmel. Das linker Hand liegende Schiff, auf dem wir überzusetzen glaubten, ein riesiges Fährschiff in klassischer Kreuzfahrtarchitektur, blau und weiß und beflankt von stabil wirkenden, unzähligen orangefarbenen Rettungsbooten, legte Richtung Oslo ab. So erklärte es zumindest der Einweiser, der uns um die Kurve nach rechts winkte, zur Einschiffung nach Kristiansand.

Dort lag, niedrig und langgezogen, ein yachtartig rundumverglastes Sportboot, dessen Radarantennen hektisch kreisten. Hinter dem auslaufenden Oslodampfer flogen Möwenschwärme auf, die im oben wehenden Wind balancierend entschwanden. Nun ging es über eine Rampe in das Autodeck des Schnellschiffes. Stolz verrichteten die Angestellten der Color-Line in weißen T-Shirts ihren Dienst. »In only two hours twenty minutes you will be there«, versicherte der Parkwart.

Der Stauraum war mit zusammengeknülltem Aluminium, wie man es von Pausenbroten kennt, scheinbar nachträglich ausgeschlagen. Bis zum letzten kleinen freien Eck ordnete das Personal die Wagen, die teils quer zueinander und rückwärts standen. Mühsam quälten sich die Passagiere dazwischen durch zum Deckaufgang. Im engen, rosa gestrichenen Treppenhaus verstärkte sich der beunruhigende Eindruck noch.

Dort, im Foyer des Schiffs angelangt, befand sich ein Informationsstand, der sogleich von Menschen umringt war. Aus versteckten Lautsprechern rieselte eine Muzak-Version des Scorpions-Stückes »Winds of Change«. Der gesamte Innenraum war mit einem fleckigen lila Teppich ausgelegt, so daß wir schnell an Deck gelangen wollten. Doch es gab keinen Zugang zur frischen Seeluft.

Alles war wie im Reisebus, mit Großraum-Sesseln, in denen sich die Familien breitmachten. Von der Decke hingen unzählige Fernseher, auf denen Walt-Disney-Filme mit dänischen Untertiteln flimmerten. Die bebluste Informationsdame erklärte mit großen Augen: »The ship is too fast, a stay on the deck is not allowed, too dangerous. We have 54000 PS and drive with 70 knots.«

Resigniert begaben wir uns an die Bar, wo in bayerischem Idiom ein schwarz gekleideter Sportstudiobesitzertyp mit Baseballkappe und Pferdeschwanz lautstark Whisky verlangte. Die stickige Luft wurde auch nach dem Auslaufen mit dem Einsetzen der Klimaanlage nicht angenehmer. Der whiskytrinkende Landsmann sprach uns sofort, hektisch die Nase hochziehend, an: »Von den Bahamas drunten ist das Schiff. Nassau, weißt, ein Jahr alt und jetzt schon völlig verwest. Drecksboot, eine Tortur. Für ruhige See gebaut, nicht für das Glump hier. Nicht einmal rauchen darf man.«

In der Tat waren keine Aschenbecher zu sehen. »Downstairs right in the back you can smoke«, belehrte uns der blonde Barmann. Mit unseren Gläsern schwankten wir die Treppe hinunter. Durch eine schwere Eisentür ging es in die Raucherzone. An den Wänden waren Geldspielautomaten befestigt, die einsam vor sich hin ratterten. In den Rückenlehnen mancher der mit Brandlöchern übersäten Sitze waren Kleinstbildschirme eingebaut, auf denen die ›Simpsons‹ liefen.

Hinten war eine offene Luke zu den Schornsteinen hin. Dort stand ein Uniformierter mit Kapitänsmütze und starrte in die Schaumspur der Wellen, die sich hinter dem mittlerweile auf hoher See rasenden Schiff bildeten. Der Himmel verdunkelte sich.

Als wir näher kamen, drehte er sich um und zuckte mit den Schultern. Von der höher werdenden Dünung des aufkommenden Sturmes schaukelte das Schiff unruhig seitwärts und sackte regelmäßig nach vorne in die Wellentäler ab. Es verlor immer wieder an Geschwindigkeit, da die Turbinen ins Leere dröhnten. Plötzlich war Gejammer zu hören. Durch die aufgestoßene Verbindungstür schaute ein kleiner Junge mit aufgerissenen Augen kurz ins Leere und übergab sich dann weinend in unserer Richtung. Die Türfeder schnappte zurück, und der Junge verschwand wieder. Der Offizier starrte auf die übriggebliebene Pfütze und murmelte in seinen dunklen Vollbart: »I told them not to leave the harbour. Always the same.«

Er drückte uns zwei Schlaftabletten in die Hand und bedeutete uns, sie zu schlucken. Als wir erwachten, lag das Schiff in Kristiansand. Norwegen leuchtete ruhig in der Abendsonne. Wer wissen will, was Reisen in Europa heute wirklich bedeutet, kommt nicht um die MS Silvia Ana herum.

MS SILVIA ANA, COLOR LINE

Hirtshals(Dänemark) – Kristiansand(Norwegen) und zurück

PENSÃO RESIDENCIAL PALHOTA

Príncipe, São Tomé & Príncipe

Sicher, es gibt aufregendere Orte auf der Welt als diese vulkanischen Kleinstinseln im Golf von Guinea. Die für ihren Zuckerreichtum während der portugiesischen Kolonialzeit berühmten Anlaufhäfen sind heute vom Tagesgeschehen weitgehend verschwunden.

Kritiker bemängeln an der Hauptinsel São Tomé das fast komplette Fehlen von Unterkünften, Restaurants, qualifizierten Arbeitskräften, Fachärzten, funktionierenden Maschinenteilen, verläßlichen Flug- und Bootsverbindungen und sauberem Trinkwasser. Ebenfalls monieren sie das völlige Ausbleiben eines halbwegs erträglichen Klimas und den ewig gleichen Geschmack des einzigen hier hergestellten Getränks, dem dubios schmeckenden Gassoca-Fruchtsprudel. Wir hingegen fanden, nach einem angenehmen und freundlichen Flug mit der TAP von Lissabon kommend, daß man es nirgendwo sonst auf der Welt so beschaulich haben kann wie auf São Tomé, außer vielleicht noch auf der kleinen, ungefähr 145 km nördlich gelegenen Geschwisterinsel Príncipe.

Zunächst empfahl uns in der nur zur Hälfte ausgebuchten Maschine der TAP unser tiefbraun gebrannter Steward – »Jesus«

stand auf seinem Plastikschildchen – zur Erholung einen Besuch der im Süden von São Tomé liegenden Ilha das Rôlas, die direkt in der Mitte vom Äquator durchteilt wird.

Nachdem der Leuchtturm dort außer Funktion stünde, verdinge sich die Familie des Wärters mit dem Ausstellen von Äquatordiplomen, die den seltenen Touristen während einer hochzeitsähnlichen Zeremonie vom Großvater in zerlumpter portugiesischer Uniform – er stand noch im Angolakrieg als taktischer Berater Portugal zur Seite – überreicht werden sollen. Auf dem mit einem skizzierten Leuchtturm als Siegel verzierten Diplom – so der Steward – stehe außerdem in lateinischen Lettern das alte Seefahrerproverb: »navigare necessitas est«.

Da wir jedoch in der schlimmsten Regenzeit, im März, ankamen, nahm der Steward Jesus seine Empfehlung, während er sie aussprach, sofort wieder zurück.

Statt dessen verbrachten wir nach der Landung in der Hauptstadt São Tomé eine akzeptable Nacht im Hotel Miramar, wo uns der irische Hotelbesitzer aufgrund der Feierlichkeiten des Sankt-Patricks-Tags in seiner Privatsuite wohnen ließ, da er selbst die Nacht an der Equatorial-Hotelbar durchtrinken wollte. Und da die verlotterte Hauptstadt uns außer der Option, sich bewußtlos zu trinken, nicht viel bieten wollte, starteten wir am nächsten Tag wiederum von der holprigen Minipiste mit einer Maschine der Equatorial-Airline Richtung Príncipe.

Neben uns saß in der sonst menschenleeren Kabine ein Mann mit Golfhütchen und Sonnenbrille, der sich als österreichischer Ornithologe ausgab. Er hatte, so erzählte er, sich zum Ziel gesetzt, eine neue Vogelart zwischen den über fünfzig nur auf Príncipe vorhandenen Arten zu entdecken, um ihr seinen Namen zu geben. »Einen ›Weller‹ gibt es schließlich noch nicht«, verkündete er stolz, als wir über die Regenwolken gelangt waren. Und später, auf die Frage, wo wir denn in Príncipe wohnen sollten, antwortete er, grün im Gesicht und etwas kryptisch: »Gehen Sie doch zum Metzger.«

Kurz vor der Landung übergab sich der Österreicher beschämt in eine selbst mitgebrachte Plastiktüte. Zugegeben, der Schaukelflug durch den Wolkenbruch war wirklich eine Strapaze gewesen.

Príncipe war eine sehr kleine Insel. Wir durchschritten die Hauptstadt Santo Antonio in weniger als zehn Minuten. Die Häuser waren alle äußerst baufällig. Wir fragten mehrere Einheimische, wo denn nun der Dorfmetzger zu finden sei, ernteten aber nur verständnislose Blicke. Mag sein, daß wir etwas merkwürdig ausgesehen haben, im Platzregen stehend, Koffer in der einen Hand, mit der anderen wild gestikulierend »Carne? Carne?« rufend. Schließlich führte uns ein kleiner Bub zur einzigen Unterkunft Príncipes, der kleinen Pensão Residencial Palhota.

Hinter der Rezeption saß ein europäisch aussehender Mann, der, den Kopf auf den verschränkten Armen schräg aufgelegt, friedlich lächelnd schlummerte. Als wir uns mehrfach räusperten, blickte er entgeistert hoch, verzog dann seinen Mund zu einem breiten Grinsen und sagte: »Bom dia, senhores, good afternoon, gentlemen! You want a room?«

Bereits sein Portugiesisch zeigte eine stark süddeutsche Sprachfärbung, und sein kurzärmeliges Hemd trug die portugiesischen Nationalfarben in einem Rautenmuster. Unter dem linken Auge hatte er eine Träne tätowiert, und die rechte Hand zierten drei offensichtlich mit einer angespitzten Kugelschreibermine eingravierte Punkte. Sofort materialisierte sich vor unserem inneren Auge die gut bewachte Anlage von Stuttgart-Stammheim, wo es zum guten Ton gehört, die drei Worte »Tod den Bullen«, symbolisiert durch die drei Punkte, zur Schau zu tragen. Der Mann ordnete sein mit blonden Strähnchen durchsetztes dunkelbraunes Haar, strich sich die vorne herunterhängenden Haare hinters Ohr und gab uns ungefragt den Schlüssel zu Zimmer zwei.

Draußen zischte einschläfernd der gleichmäßig fallende Regen auf der dreißig Grad warmen Erde. Auf dem Schild, das vor ihm stand, war in behelfsmäßig geraden Lettern »Alex Metzca-Wella« zu lesen. An der Garderobe hinter der Rezeption hingen unzählige Golfhütchen.

PENSÃO RESIDENCIAL PALHOTA

Santo António, Príncipe, São Tomé & Príncipe. Tel. 00239-51079

AMANPURI
Phuket, Thailand

Wem die Khao San Road dann doch etwas zu banal geworden ist – eine eigens eingerichtete, bewaffnete Abfallpolizei sorgt inzwischen dafür, daß Zigarettenkippen nicht mehr achtlos auf die Straße geworfen werden –, dem sei ein Besuch im Amanpuri anempfohlen, dem besten und schönsten Hotel Thailands.

Empfahlen wir zuvor einen Aufenthalt im Oriental Hotel in Bangkok, so sehen wir uns nach unserer letzten Visite gezwungen, diese Empfehlung wieder zurückzuziehen. Denn unter der strengen und mittlerweile langjährigen Führung von Kurt Wachtveitl hat diese, ja, man muß inzwischen sagen, abgeschmackte Luxusoase den zweifelhaften Charme des Carlton in Cannes erreicht. Ständig wähnt man sich im Oriental auf dem Set des neuesten Musikvideos des bizarren Brillensammlers und Ohrringträgers Elton John.

Ein kurzer Flug mit Bangkok Airways, die aufgewühlte Andamanen-See streifend – denn wir raten zum Flug wirklich nur während der tosenden Monsunmonate Juli und August –, und der Besucher findet sich auf der Halbinsel Phuket wieder. Phuket ist in den sonnigen Monaten ein schwer erträglicher Badeort. Es gibt einen Club Med, und der einzige Unterschied zum

Ekelsexurlaubsort Pattaya liegt in der Existenz einiger noch nicht abgerissener Pflanzervillen und dem prachtvollen Sitz der Provinzregierung des Distrikts Phuket. Dieses überaus schöne Anwesen mußte in den achtziger Jahren leider als staffagenhafte Kulisse für einen schlechten Film mit Mel Gibson herhalten, weil man für Indonesien, das Land, in dem der Film eigentlich seine mehr als triviale Handlung spielen ließ, keine Drehgenehmigung erhielt.

Deshalb sollte man, wie gesagt, nur ins Amanpuri, wenn der Wind mit hoher Knotenstärke die sonst langweilige See in ein tosendes, dunkelgrünes Monster verwandelt. Denn nur dann übertönen die rauschenden Blätter der hohen Palmen, die sich dann angenehm flach an die einsame Küste drücken, sämtliche anderen Geräusche. Dieser Grundton, eine Art weißes Rauschen, verschluckt störendes Kindergeschrei, Hundegebell, Buddha- Gongs und Madonnas Happy-Hour-Granate »La Isla Bonita«, deren Bezug zu sämtlichen Ferieninseln der Welt von den Pool-DJs immer wieder nur vordergründig zu Recht als Erleuchtung empfunden wird. Der Lärm des Monsuns verschafft dem Amanpuri eine exklusive Dumpfheit, die man im Club Med, etwas weiter die Küste hinab gelegen, vergeblich suchen wird.

Eine kurze Taxifahrt durch verregnete Reisfelder also, dann reißt ein junger Mann die Tür des Wagens auf, ein dargebotener Regenschirm aus Bast bietet kurzen Schutz gegen das Prasseln des Monsuns, und der vom Flug durchgerüttelte Besucher findet sich in einer Art offenem Atrium wieder. Die Eingangshalle ist übersät mit nur scheinbar achtlos ausgelegten Lotus- und Hibiskusblüten, ein großer blinder Golden Retriever beäugt den ankommenden Gast mit einem an vollkommene Langeweile grenzenden Gleichmut, und eine bis dahin nicht gekannte Ruhe stellt sich ein. Der Name »Amanpuri«, so wird einem leise versichert, stamme aus dem Sanskrit und bedeute »Ort des Friedens«.

Es ist, nebenbei bemerkt, ratsam, sich vorher den Pavillon Nummer 105 oder zumindest Nummer 103 zu reservieren. Man bekommt dann nicht nur einen eigenen CD-Spieler gestellt, sondern auch gleich einen eigenen Pool. Das große schwarze Marmorschwimmbad des Hotels ist einfach zu nahe an der Poolbar, was leicht dazu verleitet, dort bereits am frühen Nachmittag einen Stengah nach dem anderen in sich hineinzukippen. Dieser Teufelskreis jedes ordentlichen Nachmittagsalkoholikers ließ nach mehreren Tagen – es war in der letzten Badesaison – selbst die ansonsten recht trinkfesten Fantasy-Schwermetaller von Mötley Crüe am Schwimmbad alt und grau aussehen.

Andererseits: Wer die obenbenannten Pavillons bezieht, muß damit rechnen, den dort arbeitenden Butler nicht über die Maße strapazieren zu können. Selbst dem Geschicktesten unter ihnen gelingt es nicht, die bestellten Getränke unverwässert von der Poolbar durch den Dauerregen ins Apartment zu bringen. Das Mischverhältnis des sonst 1:1 aus Whisky und Wasser bestehenden Stengahs wird dabei auf empfindliche Art gestört.

Der Monsun weht, die See ist zu aufgewühlt, um schwimmen zu können, und Bougainvilleablüten verteilen sich leise raschelnd auf den Toilettenrollenhaltern. Nachts sind die Palmen von unten beleuchtet. Das Carpaccio ist lecker.

AMANPURI

Pansea Beach, Phuket, Thailand. Tel. 0066-76-324 333

BANDARAWELA HOTEL

Bandarawela, Sri Lanka

Ein japanischer Bekannter des berühmten Science-fiction-Autors Arthur C. Clarke, den wir im Süden Sri Lankas trafen, riet uns bei einem Abendessen in einem schlechten Restaurant, bei dem Arthur C. Clarke selbst leider nicht anwesend war, dringend in die Berge zu fahren. »Upcountry«, sagte er, gäbe es ein Hotel, in dem die besten Bloody Marys Sri Lankas zubereitet würden. Der japanische Herr lebte schon lange auf der vom Bürgerkrieg zerrütteten Insel, also wollten wir unbedingt seinem Rat folgen. Wir sagten ihm, daß wir aber keine Lust hätten, mit dem Bus in die Berge zu fahren. Er fächerte sich in dem stickigen Lokal mit der Hand Luft ins Gesicht, trank sein Glas Palmschnaps aus, zwinkerte uns zu und bedeutete mit einer seitlichen Kopfbewegung, ihm zu folgen.

Wir wankten zu dritt zum Haus des Japaners. Er drückte auf einen in seiner Hosentasche versteckten Knopf, und das Garagentor öffnete sich. Da es in dem Restaurant eben sehr dunkel gewesen war, sahen wir erst jetzt, mit dem langsamen Öffnen des Garagentors, wie der Japaner gekleidet war. Das gelbe Licht des Scheinwerfers wanderte an ihm hoch, und wir blickten in ein Zerrbild unserer eigenen Popperjugend: Er trug ein viel zu enges, rosafarbenes Ralph-Lauren-Hemd, darüber, trotz der Hitze, einen Baumwollpullover mit Rautenmuster, Fiorucci Karotten-Jeans, Burlington-Socken, ebenfalls mit Rautenmustern, und Docksides aus hellbraunem Leder.

Er bemerkte unsere prüfenden Blicke, zwinkerte erneut und wies mit der linken Hand auf das Innere der Garage. Dort stand ein hellblau-metallic leuchtender Datsun 240 Z, Jahrgang 1974. Er erklärte uns in gebrochenem Englisch, wir mögen einsteigen, denn wir würden jetzt zu dritt in die Berge fahren. Es war halb vier Uhr morgens.

Der Japaner zündete sich eine Mild Seven an, und wir fuhren los. Die Straße führte am Meer entlang, und wir saßen gekrümmt schwitzend in dem kleinen japanischen Sportwagen. Er fuhr sehr schlecht. In jeder Kurve ahmte er das Geräusch seines Autos nach. Er brummte und spotzte, eine Mild Seven nach der anderen anzündend. Kleine Spuckeflecken blieben an der Windschutzscheibe kleben, und das Scheinwerferlicht der paar Autos, die uns entgegenkamen, brach sich in diesen feuchten Fleckchen.

Als die Sonne aufging, sahen wir, daß mehrere Mücken den Japaner in seinen ausrasierten Nacken gestochen hatten. Er hatte sich mit dem Fingernagel während der Fahrt kleine Kreuze in die unnatürlich angeschwollenen Stiche geritzt. Irgendwann mußten wir tanken.

Als wir den Tankwart nach dem Weg fragten, hielt er seinen Arm gegen die aufgehende Sonne. Er hatte nur noch den kleinen Finger und den Daumen an seiner Hand. »Better take street left handside, right hand side is Tamil Liberation Army. You see missing fingers? Come from right hand side.« So fuhren wir also links.

Einmal, bereits auf der sich in die Berge hinaufwindenden

Straße, überfuhr der Japaner einen kleinen schwarzen Hund. Wir protestierten und wollten anhalten, um nach dem hinter uns in einer Kurve zuckenden Tier zu sehen. Aber der Japaner lachte meckernd und schaltete, den Motor aufheulen lassend, in den zweiten Gang. Zum ersten Mal in unserem Leben hatten wir keine Lust mehr, uns ein empfohlenes Hotel anzusehen, und sahen abwechselnd aus dem Fenster und schauten unsere Fingernägel an, unter denen sich während der Fahrt dicker schwarzer Dreck abgelagert hatte.

Das Bandarawela Hotel lag auf tausendneunhundert Metern Höhe, es gab dort Kiefernwälder, und die Luft war angenehm kühl. Wir fuhren vor, und ein dünner Sinhalese öffnete die Türen des Datsuns. Er trug eine Fake-Cartierbrille mit blauem Verlauf und die schneeweiße Uniform des Hotels. Auf dem Schild an seinem Revers stand »Hi, I'm Francis«. Er und der Japaner schienen sich bestens zu kennen. Wir betraten die Lobby, nahmen ein Doppelzimmer, und der Japaner sagte, er würde uns am späten Nachmittag zu einer Bloody Mary in der Hotelbar treffen.

Wir marschierten durch mehrere Innenhöfe, die mit Rosensträuchern bepflanzt waren, fanden unser Zimmer, wuschen uns Hände und Gesicht, legten uns auf das mit einer geblümten Laura-Ashley-Tagesdecke überzogene Doppelbett und starrten an die Decke.

Nach einer Weile hörten wir im Hof die Stimme des Japaners. Er rief »Arthur! Finally!«. Dann eine verzweifelte Frauenstimme, die »No! No! Please don't!« schrie. Kurze Stille, dann knallte ein Tablett mit Unmengen von Geschirr unten auf die Travertintreppen. Wir verriegelten die Tür des Hotelzimmers von innen, schoben einen Stuhl unter die Klinke und fielen in einen tiefen, traumlosen Schlaf.

Mehrere Stunden später wachten wir auf, zogen dunkle Anzüge und Krawatten an und machten uns auf den Weg zu unserer Verabredung. Die Bar war dunkel, die Sessel waren mit grauem Manchester-Cord bezogen. »Don't pay the ferryman« von Chris de Burgh leierte aus einem Lautsprecher neben dem Kamin. Francis von vorhin stand nun hinter der Theke, und als er uns über den Rand seiner blauen Verlaufbrille sah, öffnete er schnell eine bereits vor ihm stehende Flasche mit süßem sinhalesischem Ketchup. Auf dem Flaschenhals, wir sahen es genau, hatte sich eine braunschwarze Kruste gebildet.

»You know, your japanese friend«, sagte er, »he won't be coming this evening.« Und während Chris de Burgh weitersang, goß Francis den Ketchup aus der Flasche in zwei Gläser, gab Eiswürfel dazu, etwas roten Rum, den Saft einer viertel Zitrone, einen Schuß Sodawasser und etwas Sojasoße, füllte das Ganze mit einem ordentlichen Schluck Batida de Coco auf, rührte ein paarmal mit dem Cocktailstab darin herum und stellte dann zufrieden die fertigen Bloody Marys vor uns auf die Theke. Von der Decke hing, so war zu sehen, ein Mobile aus mehreren Pink-Floyd-Plattencovern. Ganz unten hing ›The Dark Side of the Moon‹.

BANDARAWELA HOTEL

Welimada Road 14, Bandarawela, Sri Lanka. Tel. 0094-57-2501

PARCO DEI PRINCIPI

Sorrento, Italien

Der direkte Zusammenhang zwischen Alkoholismus und Oberflächenwahn und die daraus resultierende Sehnsucht nach den reinigenden Farben Weiß und Blau ist bis jetzt noch nicht belegt. Wäre dies der Fall, so müßte Gio Ponti, der italienische Architekt des Parco dei Principi, unbedingt zu den schwersten aller Alkoholiker gezählt werden. Der strenge Modernist hat nämlich Anfang der sechziger Jahre in die brachiale Steilküste der Costa Amalfitana eine puristische Enklave hineingesäbelt, die seitdem innen und außen völlig unverändert geblieben ist.

Sein strenges Farbkonzept aus Weiß und Blau war so perfekt angeordnet, daß sich selbst die anarchistischen Süditaliener nicht trauten, die Muster und Strukturen dieses Tempels der Moderne durch Renovierungsmaßnahmen zu zerstören. Sogar die Aschenbecher waren so gestaltet, daß sie den Verirrungen der bald auftretenden Postmoderne tapfer die Stirn bieten konnten: Sie sind ebenfalls azurblau. Der monochromatische Yves Klein nennt dafür einen plausiblen Grund. Die Farben Weiß und Blau bedeuteten ihm »im Schlaf eingesehene außerirdische Stille«. Gio Ponti muß des öfteren eingenickt sein, als er dieses Hotel bauen ließ.

Der Parco dei Principi stellt alles in den Schatten, was der nach strenger Modernität dürstende Reisende bis jetzt gesehen haben dürfte: Die Kantine der Zeitschrift Der Spiegel in Hamburg zum Beispiel, vom Dänen Verner Panton entworfen, ein hohler Abklatsch in Orange und Lila, oder die 1971 entworfene »Total Furnishing Unit« des italienischen Jugendzimmermodernisten Joe Colombo verblassen vor den blauen Op-Art-Intarsienarbeiten, die in jedem Zimmer minimal unterschiedlich in die Wände eingelassen wurden. Das Principi stammt aus einer Zeit, in der Luftkissenboote, enge Badehosen aus Frottee und die Corporate Identity der Fluglinie PanAm den Weg in eine optimistisch erwartete und euphorisch moderne Zukunft deuteten.

So ist auch die beste Kleidung für dieses Hotel ein hautenges weißes Oberhemd und ein souverän getragener Slip aus hellblauer Kunstseide. Abends dann, wenn es kühler wird, ein weißer dünner Kaschmirrollkragenpullover, ein salopp darüber getragenes Op-Art-Amulett, dunkelblaue hauchdünne Hosen aus Tropical Wool und weiße Gucci-Loafer, natürlich nicht die vom Revisionisten Tom Ford entworfenen, sondern die Original-Guccis von 1963.

Am achteckig angelegten Pool, an dem man angenehme Melodien von Riz Ortolani zu hören glaubt, klemmen sich Damen aller Nationen plötzlich wieder Zigarettenspitzen zwischen die weißen Zähne und linsen diskret hinter der verkehrt herum gehaltenen Vogue Italia hervor, wenn knackige Ragazzi vom eleganten Betonsprungturm ins Becken springen.

Der Gedanke an einen präpostmodernen Jet-set taucht hier ebenfalls wieder auf – mit seinen glamourösen Adepten Gunther Sachs, Claudia Cardinale und Alain Delon. Schlußendlich ist auch der Flughafen Neapel nur etwa zwei Flugstunden von jeder ernstzunehmenden Metropole entfernt. Am Flughafen sollte man sich idealerweise von einem Fahrer im weißen Alfa Bertone GTV 2000 abholen lassen und mit Höchstgeschwindigkeit in der Abendsonne die kurvige, steil abfallende Küstenstraße Richtung Amalfi entlang rauschen.

Bei den Recherchen für diese handliche Taschenbuchausgabe mußten wir leider feststellen, daß das Parco dei Principi inzwischen abgerissen worden ist.

PARCO DEI PRINCIPI
Sorrento, Italien.

THE BRITISH HOTEL

Valletta, Malta

Manchmal genügt es, einfach ein Ziel zu haben, um sich an einem generell unangenehmen Ort der Welt aufzuhalten. Ein gutes Beispiel hierfür ist das British Hotel in Valletta auf Malta. Erschlich sich Ende der zwanziger Jahre hier noch der Reiseschriftsteller Evelyn Waugh einen mehrtägigen Gratisaufenthalt, indem er die damals zwei besten Hotels der Insel durch ein aus Kairo telegrafiertes Fernschreiben geschickt gegeneinander ausspielte, so ist man heute leider gezwungen, sich als ein alter Bekannter des noch älteren Deutschwavers Phillip Boa auszugeben, um in dem ausgebuchten Hotel noch ein Zimmer zu bekommen.

Gegen Ende der achtziger Jahre, so muß man wissen, besuchte der Musikkritiker und gleichzeitige Saxophonist der Brachialband Ledernacken, Otmar Jenner, die Insel. Dort wollte er den prinzipiell journalistenfeindlichen Phillip Boa treffen, der mit viel Geflenne und unter Flüchen Deutschland verlassen hatte. Jenner plante, für das damals noch existierende Magazin Tempo einen riesigen Relaunchartikel über Boa zu verfassen.

Phillip Boa and the Voodoo Club und die Ledernacken hatten beide nämlich nur einen mittelgrößeren Hit, erstere Band »Kill your Idols« und letztere »Amok«. Unter maltesischer Sonne sollte nun ausbaldowert werden, wie es denn weitergehen könnte.

Auf dem Steineiland ließ sich, wie auch überall sonst auf der Welt, wo man mehr als drei Flugstunden von Deutschland entfernt ist, ein formidables Märtyrerdasein unter deutschen Ausgewanderten führen. An dem Ausbleiben des gemeinsamen Projektes ist aber ersichtlich, daß der dort unter wütenden Heimatbeschimpfungen gepflegte Frustalkoholismus meist in weniger kreativen Bahnen verläuft. Für diese spezielle Form der Trunksucht wählt der Auslandsdeutsche – so auch hier der stolze Kunstnamenträger Phillip Boa mit seinem auf seine Frau Pia zusammengeschrumpften Voodoo Club – meistens wegen der Kulturdifferenz zu Deutschland eine ihm authentisch erscheinende Bar der ortsansässigen einfachen Leute.

Wir vermuteten, daß Boa hierfür den »United Pub« mißbrauchte, da wir in der Flughafenbuchhandlung Frankfurt am Main vor dem Abflug kurz angewidert im Merian-Reiseführer ›Malta/Gozo‹ herumgeblättert und unter der entsetzlich klingenden Rubrik »Der gute Tip« einen Hinweis auf diese Kneipe gefunden hatten.

Also zogen wir, kurz nach der Ankunft im British Hotel und einem flüchtigen Blick über die Bucht auf die steinerne Ödnis des Fort St. Angelo, schnellstens die Vorhänge des Zimmers wieder zu und machten uns auf den Weg in den Pub. Wir wollten nach untergegangenen Zeichen der auf Malta versiegten deutschen Populärkultur der späten achtziger und frühen neunziger Jahre fahnden.

Im United Pub fanden wir erstaunlicherweise keine einfachen Maltesen, sondern dicke tätowierte Briten, die friedlich vor einem Fernseher dösten, auf dem tonlos eine Wiederholungsstaffel der beliebten Serie ›Eastenders‹ lief. Wir räusperten uns und riefen in den Raum »Boa?«. Der herbeischlurfende, freundliche Wirt legte den Zeigefinger auf die Lippen und verwies uns flüsternd auf ein kleines Schallplattengeschäft am Ende der Straße.

Dort fanden wir eine Plattensammlung, die in ihrem Zusammenhalt und innerer Logik nur von Einem stammen konnte. Und in der Tat, der Besitzer des Geschäfts versicherte uns, die Platten seien von einem deutschen Herrn veräußert worden, der nicht nur mit Vorliebe Schwarz trug und eine lange ölige Locke in die Stirn hängen ließ, sondern auch, als er den verschwindend geringen Kleinstbetrag für seine Sammlung erhielt und die wenigen Münzen in die ausgeleierte Hintertasche seiner schwarzen Stoffhose stopfte, resigniert »Ach Scheiße, was soll's« gemurmelt hatte.

Wir erwarben also folgende stark angestaubte, mit klebrigen Flaschenbodenrändern übersäte Platten: »Ich zünd mich an« von Hansaplast, »Nichts 2000« von Nichts, »Butcher Baby« von den Plasmatics, »Die letzte Hoffnung« von KFC, »Der Westen ist einsam« von Abwärts, »33 Tage in Ketten« von den Fehlfarben und Alfred Hilsbergs Dreckskompilation »Geräusche für die Achtziger«, alle zusammen für zirka vier Mark.

Als wir die Platten in einer Klarsichttüte zurück ins Hotel tragen wollten, mußten wir wieder am United Pub vorbei. Diesmal winkte uns der Wirt, als er auf unseren Einkauf sah, hektisch zu sich herein. Auch er kannte die Sammlung nur allzugut, denn »The ugly German«, wie er ihn nannte, hatte ihn immer wieder gebeten, seine mitgebrachten Platten zu spielen, und ihn damit bis aufs Blut gereizt. Er nahm uns die Tüte aus der Hand und zerbrach die Platten mit einem lauten Schrei über dem Knie. Die tätowierten Briten schreckten kurz hoch und dösten dann weiter.

Der Wirt holte, sichtlich erleichtert, aus der Küche eine große Flasche Anisette und schenkte uns zwei Wassergläser voll davon aus.

Auch der Deutsche hatte, so der Wirt, sein letztes Geld für diesen Höllenschnaps mürrisch aus der Hosentasche gekramt, bevor er nicht wieder erschienen war. Wir hingegen gingen zurück in das schöne British Hotel, das wir bis zum Abflug nicht mehr verließen, und lasen uns für den Rest unseres Aufenthalts gegenseitig aus Wyndham Lewis' ›Journey into Barbary‹ vor.

THE BRITISH HOTEL

St. Ursula Street 267, Valletta, Malta. Tel. 00356-236019

EMERSON'S HOUSE

Sansibar, Tansania

Schlechte Tauschgeschäfte sind die Crux der Weltgeschichte. Alaska, zum Beispiel, das für ein paar Millionen Dollar vom Zar an die Vereinigten Staaten abgestoßen wurde. Das schlechteste Geschäft von allen war jedoch sicherlich der Tausch, bei dem sich die Briten Sansibar sicherten und dagegen den Deutschen das blöde Butterfahrtseldorado Helgoland überließen.

Immerhin, der doofe rote Felsen mit der Langen Anna war Entstehungsort des Textes der späteren deutschen Nationalhymne, den sich Hoffmann von Fallersleben dort, ein in dieser Form noch nicht existierendes Vaterland herbeihalluzinierend, zusammenreimte. Aber bereits zum Zeitpunkt des Tausches war einigen klar, daß es ein Minusgeschäft sein würde. So auch Dr. Carl Peters, dem Vorsitzenden des Deutschen Kolonialvereins, der sich empörte, daß im Vertrag von Sansibar am 1. Juli 1890 »zwei Königreiche für eine Badewanne in der Nordsee« eingetauscht wurden.

Andererseits ergab sich aus dem britischen Einfluß eine angenehme wertkonservative Tradition, die dem Reisenden heuer als Gasthaus das Emerson's House beschert. Mußte man als Tourist, um dieses ausgezeichnete Hotel zu erreichen, vor wenigen Jahren noch eine vielstündige Passage auf einer hölzernen Dhau in Kauf nehmen, so erreicht man heute das Eiland, von Dar es-Salaam kommend, bequem mit der Air Tanzania in dreißig Minuten.

Am Flughafenvorplatz gingen wir auf einen etwas abseits stehenden Papaasi zu, der uns mit einem rasch organisierten Taxi zum Hotel fuhr. Entlang der Straße in die Hauptstadt reihten sich seltsam vertraut aussehende Häuserblocks aneinander. Sie ähnelten vollkommen den Plattenbauten von Halle, Jena und Gera. Während wir noch rätselten, auf welchem Weg diese Bauschule nach Ostafrika gelangt war, fing der Papaasi vorne im Taxi mit halbgeschlossenen Augen an zu erklären: »These buildings, they come from East Germany. After revolution with the man John Okelo, they coming from those cold countries, and they putting up them houses.« Er zeigte auf die durch die afrikanische Sonne verbleichenden DDR-Gebäude.

»These houses, they not good for climate here. No air, no sun, no happiness, nothing. Them whiteys from the north, they sure not be good communists.« Wir konnten ihm nur zustimmen. Der Beton war stellenweise verwest. Der Papaasi lieferte uns im Hotel ab. »Today is end of Ramadan, later I bring you to good Party«, sagte er noch und verschwand.

Wir bezogen also unser Zimmer. Es war im traditionellen Sansibar-Stil aus dunklem Holz eingerichtet, und auf den Kopfkissen der Betten lagen jeweils zwei Bananen. Wir setzten uns in die bequemen Lehnstühle und verfolgten zur Entspannung eine Stunde lang das monoton-faschistische Programm von CNN.

Unser Nachmittag verlief folgendermaßen: Nachdem wir geruht hatten, wanderten wir mit unserem neuen Freund, dem Papaasi, zum Africa Guest House hinüber. Dort, im abgewrackten ehemaligen englischen Club, aus dem heute einer dieser unsäglichen Traveller-Treffs geworden ist, tranken wir in der Terrassenbar im ersten Stock ein paar Tusker-Biere.

Der Papaasi blickte über das Meer und beschrieb mit der Bierflasche in der Hand eine ovale Linie über die Bucht. »You know«, sagte er. »My people come from the beyond the coast. They arrive here from Uganda. Then the arabs, they make us slaves, over the sea, in Persia and India. Me, I stay here.« Er trank aus. Wir gingen.

Mit dem Taxi fuhren wir nach Makunduchi, in den Süden der Insel. Ein süß-säuerlicher Mief lag in der Luft. Der Afrika-Forscher David Livingstone fiel uns ein, der einst notiert hatte: »Der Geruch der Insel ist furchterregend. Nachts ist es hier so schlimm, daß man sich davon eine Scheibe abschneiden und seinen Garten damit düngen könnte. Eigentlich müßte Sansibar Stinkibar heißen.«

Der Taxifahrer, der unsere Verunsicherung bemerkte, nuschelte dem Papaasi etwas zu, der sich uns sofort nach hinten zuwandte: »It's the bananas they cut and lay down for fight.«

Das Taxi hielt an. Heute war der erste Abend nach Ramadan, das Fest des Idd-il-Fitri. Der Papaasi zog uns am Ärmel auf einen großen Platz, auf dem Männer aus dem Norden der Insel gegen Männer aus dem Süden der Insel sich ein erbittertes Gefecht lieferten, indem sie sich mit Bananenstauden blutig schlugen. »Irgendwie wie Hörnum gegen List«, ging uns durch den Kopf, aber das sagten wir dem Papaasi nicht. Als er auch uns eine Staude zum Mithauen geben wollte, bedankten wir uns, drückten ihm einen Aufkleber mit »Moin, Moin! RSH!« in die Hand, ließen ihn stehen und fuhren mit dem Taxi zurück in die Stadt.

Vom armseligen deutschen Kolonialtraum auf Sansibar und

seinem Wunsch nach billig ausbeutbaren einheimischen Arbeitskräften ist nur eines übriggeblieben: die ekelhafte hölzerne Schlemmerbaracke Sansibar zwischen Rantum und Hörnum auf Sylt.

EMERSON'S HOUSE

nahe Mkunazini Street, Sansibar, Tansania. Tel. 00255-54-32153

VILLA MAROC
Essaouira, Marokko

Othello irrt durch dunkle Gassen, und die elektrische Gitarre spielt ein Lied. Was ist das für ein Lied? Sultan Sidi Mohammed Ben Abdallah wußte im Jahre 1765 noch nichts davon, was sich später in seiner Burganlage ereignen sollte. Er hatte sie erbaut, um eine Revolte im südlich gelegenen Agadir niederschlagen zu können. Sein seltsamer verschachtelter Mischstil aus portugiesischer und arabischer Bauweise inspirierte übrigens den korpulenten Regisseur Orson Welles dazu, seine Shakespeare-Selbstverfilmung in eben diesen winzigen Gassen abzudrehen.

Wandern wir weiter durch die Gassen. Immer noch spielt dieses merkwürdige Lied. Gehen wir den Tönen nach, es wird immer lauter. Hier, aus einem der Zimmer, dort oben im Hotel, muß es kommen.

Es ist ein lila Lied, und an der Gitarre dort im Zimmer zupft und schrabbelt nicht Othello, oder? Sagen wir es doch einfach: Es ist Jimi Hendrix. Dieser Rockmusiker hatte sich im Meer vor Essaouira in den sechziger Jahren eine der Purpurinseln gekauft, die Ile Purpuraire. Dort waren zur Zeit Sidi Mohammed Ben Abdallahs die legendären Purpurschnecken heimisch, aus denen Tuchfärber einst die begehrte Farbe Lila preßten.

Über all dies läßt sich prima in einem der schönsten Hotels Marokkos nachdenken, in der Villa Maroc. Als Tribut an den 1970 im Alkohol-Heroin-Rausch an seinem eigenen halbverdauten Mageninhalt erstickten Rockmusiker, der in ähnlichen Situationen auch mal auf die seltsame Idee gekommen war, die Saiten seiner Gitarre mit dem Mund anzuschlagen, ist gelegentlich sein Liedgut aus dem Hotelradio zu hören.

Und mit den psychedelisch-sämigen Riffs im Ohr liegt man am besten auf dem Bett des Turmzimmers, des attraktivsten und kleinsten der Hotelräumlichkeiten, und starrt in die Bucht und den kleinen Booten nach, die hinüber zu den Purpurinseln segeln. Könnte sein, daß Paul Bowles auch vor kurzem hier in der Villa Maroc gewesen ist, obwohl er doch weder mit Welles noch mit Hendrix viel hat anfangen können. Und das langsam verlöschende Lied? Welches war es doch gleich? Purple Haze.

VILLA MAROC

10, rue Abdallah Ben Yacine, Essaouira, Marokko. Tel. 00212-4-473147

HOTEL HEVELIUS
Gdansk, Polen

Ab und an kann es helfen, sich in der jüngeren Zeitgeschichte auszukennen, um zu vermuten, wo die Seele eines Landes offenliegt. So auch hier.

In einem tobenden Orkan ging vor wenigen Jahren die polnische Fähre »Jan Hevelius« auf der Höhe der Insel Rügen unter. Auf wundersame Art überlebte die gesamte Besatzung, die sich – zum Teil mit fünf und mehr übereinandergezogenen Pullovern – in der eiskalten Ostsee mit den wenigen Überlebensausrüstungsutensilien bis zur Ankunft der Rettungsmannschaften über Wasser halten konnte, während die volltrunkenen LKW-Fahrer auf dem Weg nach Schweden in der Bordbar saßen und samt ihren schweren Trucks auf den Grund des aufgewühlten Meeres sanken und starben.

Damaligen Gerüchten zufolge sollen in den Lastkraftwagen illegale Einwanderer aus Südostasien versteckt gewesen sein, was jedoch aufgrund der in alle Himmelsrichtungen in der aufgewühlten See verstreuten Überreste keiner mehr nachweisen konnte. Fraglich bleibt, warum es die Schiffahrtsbehörde und die Mannschaft des Schiffes trotz der Sturmwarnung für besser hielt, die Fähre mit der heißen Fracht auslaufen zu lassen, als einen längeren Aufenthalt in der polnischen Hafenstadt zu riskieren.

Etwas Ungeklärtes umgibt auch das Hotel Hevelius. Das Hochhaus liegt nahe der Altstadt, von ihr nur durch eine kleine Parkanlage getrennt, und sorgt dafür, daß man den Ostblick nicht verliert, was in der ehemaligen Hansestadt manchmal schwerfällt. Der historische Stadtkern ist nämlich nahezu komplett restauriert, und in mancher Straße mit den vortreppenartigen Aufgängen zu alten Backsteinhäusern wähnt man sich im alten Lübeck und weiß, warum das deutsche Fernsehen zum Abdrehen einer mehrteiligen ›Buddenbrook‹-Staffel hierhergekommen ist.

Auch wird man im nahegelegenen Seebad Zopot etwas von dem Glanz finden, den die Ostseeküste einst ausstrahlte, auf dem weit über hundert Meter ins Meer hinausragenden Holzflaniersteg, der sich der Kurmuschel und dem Strandcasino anschließt.

Im Hotel Hevelius jedoch ist Jetztzeit. Die Zimmer sind Preßspanstandard, das Essen hat den Geschmack des Sozialismus beibehalten, und selbst ein unscheinbarer, nahezu schrottreifer Renault mit Westkennzeichen, direkt vor der Lobby beim stets Sonnenbrille tragenden Pförtner in dunkelblauem General-Jaruzelski-Chic geparkt, wird binnen kürzester Zeit aufgebrochen oder gestohlen.

Dieser Pförtner wurde nach einem ausgegebenen Bier schnell redselig. So erzählte er uns an der Hotelbar nach Dienstschluß nach dem zweiten Bier, daß Lech Walensa in einem der Hotelzimmer, verzweifelt über die Isolation der Einrichtung, die Idee zur Solidarnošč gekommen sein soll.

Und später – nach dem fünften Bier seine Leidenschaft für Punkmusik offenbarend –, daß auch die großartige Minimalisten-Popgruppe Television Personalities die Inspiration zu ihrem

Klassiker »How I Learned to Love ... the Bomb« nicht in Stanley Kubricks ›Dr. Strangelove‹, sondern während einer frühen Kurztour ihrer nicht beginnen wollenden Karriere in Polen nirgendwo anders als hier gefunden haben soll.

Das örtlich hergestellte Danziger Goldwasser hilft über die schlimmste Lügendepression hinweg, und nachts leuchtet dem Heimkehrer an der Fassade des Bettenbunkers in blauer Neonschrift der Name des Hotels bereits von weitem heim.

Ambitionierte Authentiker werden in Danzig nie ein anderes Hotel buchen. Warum auch?

HOTEL HEVELIUS

ul. Heweliusza 22, Gdansk, Polen. Tel. 0048-58-315631, Fax 0048-58-311922

KEATS-SHELLEY ROOMS
Rom, Italien

Kultur ist immer woanders. So auch hier, in Rom.

Der Reisende in Sachen Kunst wendet sich angewidert von dem Fixertreff an der Spanischen Treppe ab. Er nimmt, den unschlagbaren Herrenausstatter Byrons in dem Moment links liegen lassend, als er erkennt, daß hier nicht der Suizidalpoet Lord Byron gelebt hat, die Treppenstufen zu den als Museum eingerichteten ehemaligen Wohnräumen der »inglesi italianati« Keats und Shelley.

Dort zieht er staunend die Augenbrauen hoch ob der roten Samtvorhänge und der Schautafeln zum Leben der Dichter, die Italien umgebracht hat. Alles ist auf beklemmende Art kulturell: Deodorantlose Studenten in Breitcordhosen betrachten Buchrücken. Aber, wie gesagt, Kultur ist eben woanders.

Denn keiner dieser Kunstfuzzis weiß, wie es richtig geht. Also, noch mal von vorne: Erstens zur Treppe, Drogen kaufen, dann zu Byrons, Hemden kaufen, und schließlich einen Stock höher als das Museum, dort wohnen.

Der britische Landmark Trust, der für die hervorragende Hotelausstattung weiterer Ruhestätten dieser Welt bekannt ist, hat die Zimmer eingerichtet, karg mit Eisenbett, Tisch, Schrank und

Stuhl aus Holz versehen. Sogar die Badezimmerspiegel sind abnehmbar.

Hier, in der einzigen Alternative zu Mama Abruzzos Herberge, ist Rom.

KEATS-SHELLEY-ROOMS

Piazza di Spagna 26, Rom, Italien. Tel. 0039-6-6784234

ZUM RAD
Frankfurt am Main, Deutschland

Der local hero Helmut Maurer besang einst auf seiner Jubiläumssingle zum Berger Markt »Gelle, du kimmst aach« das Apfelweinparadies Bergen-Enkheim nordöstlich von Frankfurt am Main, »draußen vor der großen Stadt«. Bergen-Enkheim, auch bekannt durch das seit den siebziger Jahren jedes Jahr ebenfalls zum Berger Markt mit Ausnahme von Robert Gernhardt zumeist an Zweitliga-Literaten verliehene erste deutsche Stadtschreiberamt, hat sich in gastronomischer Hinsicht mittlerweile zum Mekka unfreundlicher Italo-Nepper-Trattorien gemausert. Daher wird der Schoppen heute nur noch in vereinzelten Wirtsstuben gepetzt, und der ernsthafte Apfelwein-Trinker ist gezwungen, woanders in sein Glas zu starren.

Hierfür bietet sich ein Besuch im direkt benachbarten, zur Frankfurter Innenstadt hin gelegenen Seckbach an, wo der Gast im Restaurant »Zum Rad« sein neues Glück suchen kann. Seckbach, da rümpft mancher die Nase. Ist das Dorf doch dadurch unangenehm bekannt, daß im neunzehnten Jahrhundert, als Bergen-Enkheim noch zum Landkreis Hanau gehörte und den Seckbachern das städtische Frankfurt unheimlich war, die Seckbacher Bevölkerung durch konsequente Pflege von Heiraten zwischen Familienmitgliedern eine besonders hohe Anzahl von Zurückgebliebenen beherbergte.

Heutzutage ist das anders. Gewiß, manche behaupten, die hervorragende Qualität des Rippchens mit Kraut und Brot rühre gerade von der Einfachheit der Seelen her, die dieses zubereiten, aber bestätigen können wir das hier nicht.

Gelangt man durch die Toreinfahrt an einem rosa verglimmenden Sommerabend in den Hof und hat das Glück, bald an einer der langen Holzbänke unter der großen Krone des riesigen Baumes Platz nehmen zu können, dann steht der Bembel auch bald auf dem Tisch. Die Nachbarn prosten einem freundlich zu, und plötzlich weiß man, warum es eigentlich keinen Grund gibt, den Sommer außerhalb Hessens zuzubringen.

Apfelweinnovizen sei hier ein kleiner Rat mit auf den Weg gegeben: Der erste Schluck in jedem Leben schmeckt entsetzlich, selbst wenn der Apfelwein mit Mineralwasser gestreckt ist. Die Säure zieht einem die Speiseröhre zusammen, und auch ein plötzlich auftretender Durchfall geht nicht selten mit diesem Erlebnis einher. Aber nach dem siebten Glas sieht alles anders aus, der Stoff darf dann auch pur getrunken werden, und nichts auf der Welt gleicht dem sich sachte in die Höhe schraubenden Apfelweinrausch.

GASTSTÄTTE ZUM RAD

Berger Straße 144, 60388 Frankfurt am Main.

Tel. 0049-69-479128, Fax 0049-69-472942

PENSION MOUNTAIN SHADOWS

Paarl, Südafrika

Sandy trägt einen Schottenrock, eine weiße bestickte Bluse, die bis zum Hals geschlossen ist, und eine schöne Perlenkette. Im Kaminzimmer legt sie ihre Hand sanft auf das mit einer Häkeldecke belegte Sofa und bietet ihren Gästen ein paar Butterkekse an.

Vorhin, so ist zu sehen, hat sie noch eine Patience gelegt. »Mitte letzten Jahrhunderts hat man sie gebaut, diese holländische Kapvilla«, murmelt Sandy. Dann lenkt sie das Gespräch behutsam auf die heute abend stattfindende Salonplauderei.

Die vierzehn Zimmer ihrer Pension vor der dramatischen Kulisse der Drakensberge sind nur zur Hälfte belegt. Dann, es wird Abend, kommt ihr Mann Basil leicht erhitzt aus dem Garten herein. Während er eine Flasche Nederburger Rotwein entkorkt, erzählt er von der morgigen Humorsafari. Alle freuen sich schon.

PENSION MOUNTAIN SHADOWS

Paarl, Kap-Provinz, Südafrika. Tel. 0027-2211-623192

AU RENDEZ-VOUS DES CAMIONNEURS

Paris, Frankreich

Ein etwas geschmackloses Wohnzimmer, mehr nicht. So würde jeder zufällige Gast denken, der, von der Seinebrücke her kommend, dieses Lokal auf der Ile de la Cité entdeckt. Die lilafarbenen Teppiche auf dem Boden wellen sich unregelmäßig, die an der Wand umlaufenden Spiegel zeigen ein verdunkelndes Zerrbild des gerade um die Ecke tänzelnden Kellners, dessen mit Glitzerschrift bedrucktes Fendi-T-Shirt aus der schwarzen Hennes & Mauritz-Samthose hängt, und in der etwas abgegriffenen sandfarbenen Speisekarte steht in verkünstelter Schreibschrift das leicht überteuerte Menü des Tages.

Hat man sich jedoch einmal in die bequeme Polsterung fallen lassen und die Weinempfehlung des sich betont sanft bewegenden Garçon angenommen – einen süffigen Burgunder –, so umgibt einen sofort der angenehme Charme französischer Homosexualität.

Besonders die Ente im Weinfond mit Brechbohnen und Kartoffelgratin ist – so der nun leider nicht mehr in Paris lebende Vegetarier, das Universalgenie Momus, bürgerlich Nicholas Currie – probierenswert. Bei der Ankunft des Gerichtes am Tisch drängelt sich die gesamte männliche Küchenmannschaft in der kleinen Durchreiche umeinander und schaut gespannt herüber, um die Eßreaktion des Gastes zu beobachten.

Was der Name des Restaurants bedeuten soll, erfährt der unbedarfte Gast, wenn er nach dem Servieren der knusprigen Rundbrötchen zusammen mit der Wasserkaraffe einmal ein menschliches Bedürfnis verspürt. Die Kleinsttoilette liegt auf dem durch eine enge Holztreppe erreichbaren ersten Stock im hinteren Teil des Raums, wo ein stets unbesetzter weiterer Tisch vor einer Art Balustrade steht. Vergißt man nach Betreten des Wasserklosetts den verrosteten Nagelhaken einzuhängen, der dort als dürftiger Verschluß dient, steht nämlich plötzlich der grinsende Kellner hinter einem, der sich unter dem Vorwand entschuldigt, er habe gar nicht gewußt, daß schon besetzt ist. Ein Verhalten, das er, so ist während des Verspeisens der in zarte, dunkelrosa Stücke zerfallenden Ente zu beobachten, bei jedem Gast wiederholt.

Immerhin ist auf der Visitenkarte des Lokals, die unaufgefordert allen Männern beim Verlassen des Restaurants gereicht wird, ein sportliches LKW-Lenkrad abgebildet.

AU RENDEZ-VOUS DES CAMIONNEURS

72 Quai des Orfèvres, Paris, Frankreich. Tel. 0033-1-43548874

GREEN'S HOTEL
Peshawar, Pakistan

Nach Imran Khans ernüchternder Wahlschlappe gibt es für den Touristen in Pakistan nur noch eine Stadt, die besuchenswert ist: Peshawar. Sowohl die Hafenmetropole Karachi als auch die Wüstenstadt Quetta sind nur etwas für Lebensmüde, die Hauptstadt Islamabad ist vom Klan um Benazir Bhutto in überbürokratisierte Bedeutungslosigkeit herabgewirtschaftet worden, und in Lahore gibt es gar nichts, außer schlechtem Essen.

War früher das Dean's Hotel in Peshawar de rigueur, so muß man heute im ähnlich klingenden Green's Hotel wohnen, wobei dem Besucher nicht ganz klar wird, ob das innen ganz in der Farbe Grün angestrichene Hotel seinen Namen aufgrund dieser Tatsache erhalten hat oder ob das Hotel des Namens wegen in Grün bemalt wurde.

Das Green's Hotel jedenfalls war während des Afghanistankrieges inoffizielle Nachrichtenzentrale des CIA und etlicher anderer westlicher Geheimdienste, die die Nähe Peshawars zum Khyber-Paß nutzten, um die damals die Sowjetunion bekämpfenden afghanischen Mudjahedin mit ausreichend Stinger-Raketen zu beliefern.

Auch kann der Kriegsgerätetourist heute, das Green's Hotel

als Basis benutzend, einen lohnenden Abstecher in das kleine Dorf Darra wagen. Dort werden sämtliche tragbare Waffen der Welt kopiert, schußfertig hergestellt und anschließend verkauft. Leihweise kann man mit einer Panzerfaust auf leere Flaschen ballern, mit Handgranaten kleine Ziegen von den Berghängen fegen oder mit einer Kalaschnikow in die überall herumliegenden Fäkalienhaufen schießen.

Nach einer solchen Schießpartie käme ja ein geeistes Bier sehr gut. Leider gibt es im Green's Hotel und überhaupt in ganz Pakistan so gut wie keinen Alkohol. Der Hotelbesitzer gibt jedoch dem vertrauenswürdigen Gast, der aus dem Ausland anruft, um ein Zimmer zu reservieren, und das Kennwort, man wolle die »Sundown-Suite« beziehen, nennt, eine größere Bestellung als Mitbringsel aus dem Duty-free-Shop auf. So führt eine mitgebrachte Stange Heineken-Bier zu einem heiteren Willkommenstrinken, das von einem sogenannten Military-Polo-Turnier gekrönt wird. Hierbei werden die Mannschaften in Tarnfarben-Phantasieuniformen eingekleidet, und der Ball wird vom Pferd statt mit dem Schläger mit dem Schaft einer Schnellfeuerwaffe der Wahl geschlagen.

Der Veranstalter dieses Turniers indessen kann von sich behaupten, größter pakistanischer Fan des Anti-Establishment-Clowns Frank Zappa zu sein. Während des gesamten Turniers spielt er sein Lieblingslied »Bobby Brown« ununterbrochen auf einer schrabbeligen Stereoanlage, wobei er die Zeile »Tell all the girls that they can kiss my Heini« in gebrochenem Englisch mitgrölt.

Wem das alles zu martialisch ist, kann die kontemplative Farbe Grün auch als Meditationsunterlage eines friedlich ausschließlich im Hotel verbrachten Pakistan-Aufenthaltes nutzen oder einer von der britischen Gattin Imran Khans, der Lady-Di-Intima Jemima Goldsmith, organisierten Benefizveranstaltung beiwohnen.

GREEN'S HOTEL

Peshawar, Pakistan. Tel. 0092-91-276035, Fax 0092-91-276088

THE WINDAMERE HOTEL
Darjeeling, Indien

Mrs. Tenduf-La, eine neunzigjährige tibetische Dame, die das Hotel schon seit den späten zwanziger Jahren führt, beschreibt ihre Unternehmensphilosophie so: »Ich bin alt. Mein Hotel ist es auch. Deswegen wird sich das Windamere nie der modernen Welt des schnellen Komforts unterwerfen. Einen Fernseher, eine Minibar oder gar eine Zentralheizung wird der Gast hier nicht finden. Dafür aber ein prasselndes wärmendes Kaminfeuer in jedem Zimmer, eine gut sortierte Bibliothek und eine Bar, an der noch die Kunst der abendlichen Konversation gepflegt wird.«

Wir können Mrs. Tenduf-La hier nicht widersprechen. Der Darjeeling Toy-Train, eine Schmalspurbahn, die sich aus der feuchtheißen bengalischen Ebene hinaufschleppt, entzieht seine Passagiere bereits durch den Dampf der mühsam aufwärts schnaufenden Lokomotive der vertrauten, hektischen Welt der indischen Mobiltelefone.

Endlich, nach neun Stunden angekommen, entzündet ein Diener mit einem Fidibus für den erschöpften Reisenden das versprochene Kaminfeuer. Auf dem Nachttisch neben dem Bett liegt eine aufgeschlagene Erstausgabe von Wyndham Lewis' ›Tarr‹ bereit. Das mit gestärktem Leinen weiß bezogene Bett ist noch etwas klamm. Und während aus den unteren Salons das gedämpfte Brummen der versprochenen Abendkonversation erklingt, blickt der Reisende etwas verloren in die Dämmerung auf die erstaunlichen Gipfel des vom ewigen Schnee bedeckten Himalaja-Gebirges. Das Windamere ist vermutlich das letzte Hotel seiner Art.

THE WINDAMERE HOTEL

Observatory Hill, Darjeeling, West-Bengalen, Indien.

Tel. 0091-354-54041

NEW ORIENTAL HOTEL
Galle, Sri Lanka

»Krimsekt oder Valium? Krimsekt oder Valium?« schallte es durch den Knatterzug, der sich an der pittoresken Küste entlang von Colombo bis nach Galle schlängelte. Ein kleines Männchen mit nußholzfarbener Gesichtshaut lief durch die Abteile und bot aus einem umgeschnallten Bauchladen einige Waren feil. Wir ließen uns das Sortiment zeigen. Valium oder gar Krimsekt waren nicht dabei. »You have champagne from the crimea?« fragten wir. Das Männchen grinste mit verständnislosem Gesicht. »Valium, perhaps?« fragten wir ihn. Wieder Gegrinse.

Verlegen strich er sich mit der Hand eine Strähne seines schwarzen, stark nach Kokosöl duftenden Haares aus dem Gesicht und neigte seinen Kopf zur Seite. In diesem Moment – wir interpretierten seinen zum Sprechen bereits geöffneten Mund als ein Zeichen seiner Auskunftsfreudigkeit – lief der Zug im Bahnhof von Galle ein, und das Männchen trollte sich.

Galle selbst wartete vor dem Bahnhofsausgang auf uns. Eigentlich war gutes Wetter. Bunte Papageien flogen am Himmel, Äffchen flitzten von Baum zu Baum, und eine kleine Brise ließ die Palmenblätter rascheln. Nach einer kurzen, ereignislosen

Fahrt setzte uns der launig pfeifende Rikschafahrer vor der Freitreppe des Hotels ab.

Mr. Perera, der joviale Generaldirektor des New Oriental, ließ die Belegschaft Spalier stehen, und wir schüttelten jedem einzeln die Hand. Auch dem bösen Karli, dessen Augenringe seit unserem letzten Besuch noch schwärzer und größer geworden waren. Nicht, daß der böse Karli etwa wirklich böse war. Er hatte nur einige Probleme mit seiner Arbeitseinstellung.

Wir bezogen Zimmer Nummer sieben, wie immer. In Zimmer Nummer acht wohnte, wie letztes Mal, der etwas ergraute, aber immer noch rüstige Erfinder des Punkrocks und der Sex Pistols, Malcolm McLaren.

McLaren trug trotz der Hitze sehr schöne Pollunder von Vivienne Westwood und duckte sich jedesmal, wenn er uns kommen sah. Das lag daran, daß wir bei unserem letzten Besuch die Aktivlautsprecher unserer mitgebrachten Sony-Kleinstanlage direkt dort an die Wand unserer Suite gestellt hatten, hinter der McLaren seinen Kopf zum Schlafen hingelegt hatte. Jeden Morgen pünktlich um halb sechs hörte McLaren die unangenehm krächzende Stimme Johnny Rottens aus unserem Zimmer direkt an sein Ohr herüberlachen: »Hahaha! I am an antichrist, I am an anarchist, don't know what I want, but I know how to get it, I wanna destroy! Anarchy!« Nachdem er geweckt war, legten wir uns wieder schlafen.

Dieses Jahr hatten wir uns eine besondere Überraschung für ihn überlegt. Nachdem wir den bösen Karli mit einem größeren Trinkgeld dazu gebracht hatten, die von McLaren in die Schiebetür eingelassene Schaumstoffmatte wieder zu entfernen, stellten wir den Wecker diesmal auf halb sieben. Und in der Tat, wir hörten am gleichmäßigen Sägen von nebenan, daß McLaren dachte, wir würden ihn dieses Jahr schlafen lassen. Genau um halb sieben drehten wir seine mehrstündige idiotische Punk-Oper ›The Great Rock'n'Roll Swindle‹ auf, packten unsere Badehosen und unser Clinique-Sonnencremeset ein, schlossen unsere Zimmertür von außen ab und machten uns auf den Weg zum Strand.

THE NEW ORIENTAL HOTEL

Church street 10, Galle, Sri Lanka. Tel. 0094-9-34591

UNBEDINGT VERMEIDEN

Den Reiseführer Lonely Planet – Menschen, die den Lonely-Planet-Reiseführer mit sich führen, ihn in einem Café in Nepal, Malaysia oder sonstwo lesen – Cafés in Nepal, Malaysia oder sonstwo, die mit dem Schild »As seen in the Lonely Planet« werben – Mr. Mohan Singh im American-ExpressBüro von Udaipur, Indien – Die indonesische Todesfluglinie Merpati-Nusantara – Geschäfte mit den drei Gebrüdern Mascarenhas in Goa abwickeln – Dem jungen Entrepreneur Moti im Tito's Restaurant in Goa für ein paar Minuten seinen Roller leihen, auf das Versprechen hin, er wäre mit den Pillen in ein paar Minuten zurück – Die Nathan Road in Kowloon, Hong Kong – Athen, Griechenland – Überhaupt ganz Griechenland – Die Fluglinie Air Lanka – Cancun, Mexiko – Recife, Brasilien – Die gesamte Dominikanische Republik – Den Mopedverleiher Mr. Harendra in Diu, Indien – Den Motorradverleiher Mr. Kingsley Gunaratna in Hikkaduwa, Sri Lanka – Das Hotel Tichka Salaam in Marrakesch, Marokko – Das asiatische Restaurant Bok in Hamburg, Deutschland – Die gesamte Ex-DDR außer dem Caféhaus Kolditz in Sangerhausen und den Musikalienort Markneukirchen – Die Seelenverkäuferfähre Hurghada-Sharm-El-Scheich in Ägypten – Das ekelhafte Drecksboot, das zwischen Kho Samui und Kho Phangan, Thailand, verkehrt – Marokkanische Jugendliche, die sich in Tanger als Deutschstudenten ausgeben und plötzlich immer anschmiegsamer werden – Den Pool des Bissau Palace Hotels in Jaipur, Indien – Überhaupt alle indischen Hotelpools, außer natürlich den Pool des Shiv Nivas Palace Hotels in Udaipur – Einen Fiat-Regata-Mittelklassewagen bei der Budget-Autovermietung in Kairo zu mieten – Einen Maruti-Suzuki-Kleinwagen bei der Hertz-Autovermietung in Bombay zu mieten – Japan (zu teuer) – Den Chad (zu trocken) – Den Sudan (zu gefährlich) – Afghanistan (zu teuer, zu trocken, zu gefährlich) – Hallu-Pilzomelette in Indonesien, Mexiko und Thailand – Hotels von zu Hause aus buchen – Opiumselbstversuche nördlich von Chiang Rai, im Goldenen Dreieck – Den auf der Khao San Road in Bangkok schnell und preiswert gefälschten Presseausweis irgendwo in Thailand vorzeigen und sagen, man sei von der Presse – Deutsche Mittvierzigerinnen auf der Suche nach dem perfekten Aschram in Südindien – Während der Reise bunte Stoffe, bestickte Kleidung, Saris, Ao Dais und Cheongsams zu kaufen, die zu Hause grundsätzlich deplaziert wirken – Die überaus häßliche Hauptstadt von Mauritius, Port Louis – Indische Four-Square-Zigaretten – Verlockend erscheinende Rubin-Geschäfte, bei denen man allein durch das Hinterlassen der Kreditkartennummer wie durch Zauberhand einen umfangreichen, sorgsam verklebten Beutel mit reinsten Rubinen mit nach Hause tragen darf – Selbigen Rubinbeutel bei der Ausreise erst nach der thailändischen Zollkontrolle in Augenschein nehmen zu wollen – Festzustellen, daß die im Beutel befindlichen angeblichen Rubine mehr als nur phonetische Ähnlichkeit mit der letzten Silbe des stärksten aller Rauschmittel haben – Studenten aus

Tromsö, Norwegen, denen man in Ägypten monatelang Kost und Logis geboten hat und die sich Jahre später mit einem Brief melden, den sie mit ihrem eigenen Blut geschrieben haben – Mit Rucksackholländerinnen ausgehen, die mit »First thing, no sex« eine unscheinbare Wirtshauskonversation beginnen und sich gerade erst irgendwo zwischen Java und Lombok von ihrem Traveller-Freund getrennt haben – Den gutaussehenden indischen Entrepreneur Ranveer Singh Chaudhuri, dessen beliebteste Opfer Touristinnen sind, denen er in einem unbeobachteten Moment nicht nur Flugtickets, Geld, Paß und Kreditkarten aus dem gemeinsam auf ihren Namen gebuchten Hotelzimmer stiehlt, sondern meistens auch dann schon mit Treueschwüren die ewige Liebe versprochen hat – Die Trattoria »Romano« in Bergen-Enkheim, wo der Kellner auf die Frage nach Parmesan antwortet: »Kostet extra, muß ich mir schließlich auch kaufen« – Den Badeort Eilat in Israel – Kabanossi-Würste mit auf die Reise zu nehmen. Man weiß ja nie, was es auf der Welt sonst so zu essen gibt – Malcolm McLaren

REGISTER

DANK AN

Alexander Wiederin, Lorenz Schroeter, Somapala Perera, Dr. Tiziano Terzani, Livia Hegner-Merian, Uwe Luchs, Ralph Giordano, Anne Nickel, Eva Munz, Raghavendra Verma, Moritz von Uslar, Walter Mayer, Karin Graf, Carl von Siemens, Richard Jones, Martin Hielscher, Helge Malchow, Dominik Monheim, Benjamin von Stuckrad-Barre, Kathrin Pfister, Frank Doberas, Nika Scheidemandel, Sophie Zeitz, den Obladen-Klan, Enrico Raffaele Brissa, Jacob Arentoft, Sergio Jaramillo-Caro, Franz-Josef Wagner, Dr. Drago Stambuk, Momus, Dr. Alexander Paquet, Carlos Lange-Prollius, Rafael Arnold, Dr. Stefan Buck, Ilija Trojanow, Axel Pflugbeil, Andreas Neumeister, Martin Fengel, Ayzit Bostan, Dominique Kracht, Markus Werner, Adriano Sack, Olrik Kleiner, Kurt-Georg Dieckert, Maxim Biller, Sybille Werner, Christoph Fey, Thorsten Scheer, Jürgen Nerger, Joseph von Westphalen, Rupprecht Rittweger, Rebecca Casati, Stefanie Fringuelli, Howard Sheronas und an die ausgezeichnete Schauspielerin Kirsten Dunst und auch an unsere Eltern. Respekt.

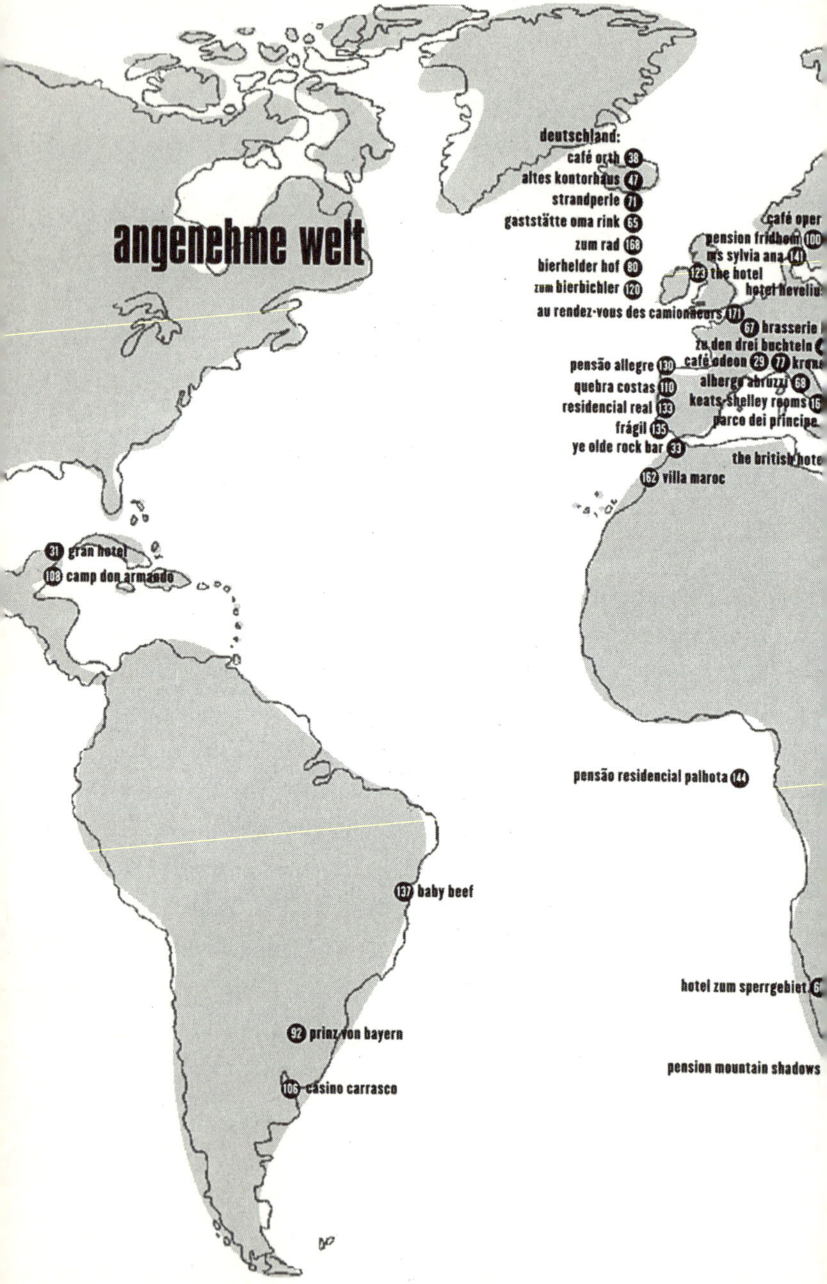
angenehme welt
deutschland:
café orth 38
altes kontorhaus 47
strandperle 71
gaststätte oma rink 65
zum rad 168
bierhelder hof 80
zum bierbichler 120
au rendez-vous des camionneurs 171
café oper
pension fridhem 100
ms sylvia ana 141
123 the hotel
hotel heveliu
67 brasserie
zu den drei buchteln
café odeon 29 77 kron
albergo abruzzi 68
keats-shelley rooms 16
parco dei principe
the british hote
pensão allegre 130
quebra costas 110
residencial real 133
frágil 135
ye olde rock bar 33
162 villa maroc
31 gran hotel
108 camp don armando
pensão residencial palhota 144
hotel zum sperrgebiet 6
pension mountain shadows
137 baby beef
92 prinz von bayern
106 casino carrasco

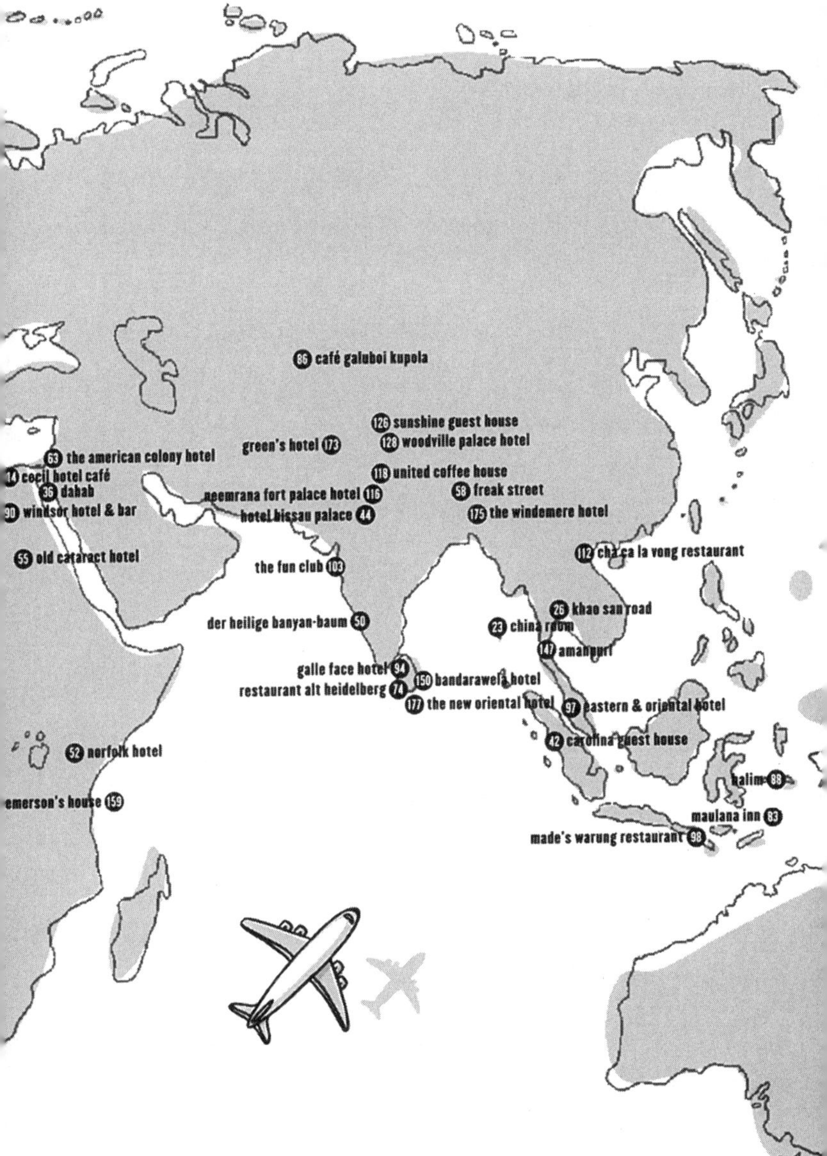

86 café galuboi kupola
126 sunshine guest house
128 woodville palace hotel
green's hotel 173
63 the american colony hotel
118 united coffee house
14 cecil hotel café
36 dahab
neemrana fort palace hotel 116
58 freak street
90 windsor hotel & bar
hotel bissau palace 44
175 the windemere hotel
55 old cataract hotel
112 cha ca la vong restaurant
the fun club 103
26 khao san road
der heilige banyan-baum 50
23 china room
147 amanpuri
galle face hotel 94
150 bandarawela hotel
restaurant alt heidelberg 74
177 the new oriental hotel
97 eastern & oriental hotel
42 carolina guest house
52 norfolk hotel
halim 88
emerson's house 159
maulana inn 83
made's warung restaurant 98